이 책에는 보건소에서 임상병리사로 일하며, 메르스와 신종플루 같은 신종 감염병 대처 업무를 맡은 저자의 소중한 경험과 진솔한 이야기가 담겼습니다. 공무원으로 일하는 선후배뿐 아니라, 코로나19로 힘든 많은 독자에게 큰 힘을 줄 것입니다.

전 가평군 보건소장, 전 안산시 단원구 보건소장 이건재

이 책은 저자가 17년간 임상병리사로 일한 경험의 기록입니다. 저자의 글에서 다른 이의 마음을 읽으며, 자신의 분야에서 빛을 발하는 모습이 아름답게 느껴집니다. 코로나19로 힘들어하는 수많은 의료진뿐만 아니라 모두에게 용기와 희망을 주는 책이기에 추천합니다.

전 가평군 보건소장, 전 의정부시 보건소장 전광용

이 책은 많은 방역 현장 중에서도 보건소의 모습을 생생하게 담은 소중한 기록입니다. 코로나19와의 치열한 싸움을 쉽게 이해할 수 있게 하며, 앞으로 도래할 상시 감염병 시대를 어떻게 살아야할지 그 방향을 제시합니다. 모든 보건직 종사자에게는 용기를, 우리에게는 '가장 강력한 백신은 사람'이라는 희망을 주는 것에 감사드립니다.

현 동두천시 보건소장 이승찬

이 책을 찬찬히 읽으며 삶을 향한 저자의 애정이 느껴집니다. 오늘의 소중함을 모르는 이들에게, 평범한 일상의 소중함을 깨우쳐주는 책이 될 것입니다.

전 가평군 보건소장, 현 경기도청 감염병관리과 감염병예방팀장 김선자

이 책은 보건소의 단편적인 일상이 아닌, 삶의 희노애락이 담긴 소중한 기록입니다. 임상병리사로서의 소명 의식과 열정을 가지고 행복하게 살아가는 저자에게 찬사를 보냅니다.

전 대한임상병리사협회 회장, 현 신한대학교 보건과학대학 학장 송운흥

저자는 임상병리뿐만 아니라 사회 복지에도 관심을 갖고 활동 영역을 넓혔습니다. 그런 열정이 이 책을 쓰게 했으리라 생각합니다. 자신의 임무를 수행하며, 사회 복지의 근간인 사람과의 관계를 통찰하려 했다는 점에서 저자에게 찬사를 보냅니다. 장애인 복지 분야에서 30년을 일한 저도 하지 못한 작업을 해낸 저자에게 칭찬과 함께 부러운 마음을 전합니다.

전 가평군 장애인복지관 관장 김영자

나는 오늘도
보건소로 출근합니다

나는 오늘도

초판 1쇄 인쇄 2020년
초판 1쇄 발행 2020년

지은이 김봉재
펴낸이 우세웅
기획총괄 우만
책임편집 김은지
기획편집 김은지 장보연
콘텐츠기획·홍보 박서영
북디자인 박정호

종이 npaper
인쇄 ㈜다온피앤피

펴낸곳 슬로디미디어그룹
신고번호 제25100-2017-000035호
신고년월일 2017년 6월 13일
주소 서울특별시 마포구 월드컵북로 400, 상암동 서울산업진흥원(문화콘텐츠센터)5층 20호
전화 02)493-7780
팩스 0303)3442-7780
전자우편 slody925@gmail.com(원고투고·사업제휴)
홈페이지 slodymedia.modoo.at
블로그 slodymedia.xyz
페이스북·인스타그램 slodymedia

ISBN 979-11-88977-56-7 (03190)
※ 이 도서의 국립중앙도서관 출판예정도서목록(CIP)은 서지정보유통지원시스템 홈페이지
(http://seoji.nl.go.kr)와 국가자료공동목록시스템(http://www.nl.go.kr/kolisnet)에서 이용
하실 수 있습니다. (CIP제어번호: CIP2020038921)

오늘도 코로나19와
사투를 벌이는 모든 사람에게

나는 오늘도
보건소로
출근합니다

김봉재 지음

슬로디미디어

세상에는
항원과 항체가 존재한다

10여 년 전, 지하철에서 어떤 사람을 보았다. 얼굴에 청색 마스크를 쓰고, 손에는 비닐장갑을 덧씌운 면장갑을 낀 채 손잡이를 잡을까 말까 망설이는 모습이었다. 모자에 까만 선글라스까지 쓰고 있어, 범상치 않아 보였다. '면역력이 약해 마스크와 장갑을 껴야만 하는 상황이거나, 건강 염려증이 있나 보다.' 싶었다.

그러나 지금은 어떠한가. 대중교통을 이용할 때 마스크를 쓰지 않으면 민폐로 느껴지고, 다중 이용 시설을 이용하려면, 열체크와 마스크는 기본, 제공된 일회용 비닐장갑까지 끼어야 한다. 모두가 10여 년 전에 보았던 사람과 같은 행색이다. 이는 병원에서 근무하는 의료인과 비슷한 모습이기도 하다. 병원에서는 수술실, 중환자실, 인공신장실 등 감염의 위험이 있는 곳에서

이렇게 중무장한다.

우리는 정말 이토록 위험한 세상에 사는 걸까? 언제까지 외출과 모임을 자제하고, 마스크와 손 소독을 필수로 여기며 살아야 할까? 얼마나 견딜 수 있을까?

문제가 발생하면 적절한 해결 방법을 찾고 대응해야 한다. 큰일이 발생했는데 아무 일 아닌 듯 여기는 것은, 구조할 수 있는 배를 가라앉히는 꼴이다. 반대로 별일이 아닌데 과하게 대처하면 자원 낭비이다. 폭우가 오는데 우산을 준비하지 않으면 비를 쫄딱 맞아야 하고, 비가 오지도 않는데 비옷에 장화까지 착용하면 활동하기 불편하다. 상황에 맞게 대처하려면, 일단 일기예보를 확인해야 한다. 그래야 알맞은 옷차림과 외출 장소를 선택할 수 있고, 마음의 여유도 생긴다.

다음은 바이러스의 모습이다. 인류가 어렵게 쏘아 올린 아폴로 우주선과도 닮았고, 마치 인류를 탐사하기 위해 누군가 쏘아 올린 비행체처럼 보이기도 한다.

박테리오파지

아데노바이러스

에이즈 바이러스

이 바이러스는 세균의 단위인 마이크로미터(μm, 1미터의 100만 분의 1)보다 더 작은 나노미터(nm, 1미터의 10억 분의 1) 단위로 크기를 잰다. 눈으로는 볼 수 없다. 교실만한 전자 현미경으로, 눈을 크게 뜨고 아주 자세히 보아도 흐릿하게 보일 정도의 크기이다. 이렇게 작고 미세한 바이러스라는 존재가 사람을 병들게 하고 사회를 혼란에 빠뜨린다.

이 책을 통해 바이러스로 인한 위기 상황에서, 우리가 준비할 것은 무엇인지, 어떤 자원을 활용해야 하는지를 살펴보고자 한다. 국립경찰병원 진단검사의학과에서 7년, 보건소 예방의약팀과 감염병관리팀에서 10년을 근무한 경험을 돌아보면 사례 하나하나가 사회에 항체를 심어주는 과정이라 생각한다. 나의 경험이 바이러스 시대를 사는 독자 분께 도움이 되었으면 한다.

우리와 공존하는 미생물은 수천 가지 이상이다. 메르스, 사스, 신종플루 등 유명한 바이러스도 있지만, 생소하거나 아직 알려지지 않은 바이러스도 많다. 모든 바이러스를 피하는 건 불가능하다. 콜레라, 식중독, 레지오넬라, 중증열성혈소판감소증후군(SFTS), 쯔쯔가무시병 등의 감염병 때문에 음식을 먹지도 않고, 외출도 포기하는 사람은 없다. 안전하게 먹고 마시며 활동할 뿐이다. B형 간염, 결핵, 풍진도 마찬가지다. 앞으로 나타날 신종 바이러스 때문에 집에만 있을 것인가?

바이러스와의 공존은 살아 있기 때문에 가능하며, 인간과 바이러스가 공존하기 위해서는 변화가 필요하다. 모든 것에는 주기가 있고, 항원과 항체가 있다는 교수님의 말씀이 생각난다.

매년 겨울이면 독감이 유행하듯, 바이러스는 저마다 짧게는 1~10년, 길게는 100년의 주기를 갖는다. 사라졌다가 새롭게 변신해 다시 나타나기도 한다. 발명왕 에디슨이 전구를 발명하고, 스티브 잡스가 아이폰을 선보이며 기술의 발전을 가져왔듯이, 미생물도 그렇다.

그리고 항원이 있으면 반드시 항체도 있는 법이다. 원인을 제공하는 물질이 있으면 이를 막아낼 수 있는 물질도 있다. 물론, 인간은 모든 항체를 갖고 태어나지 않는다. 살면서 획득하는 항체도 있다. 항원에 대해 제대로 알고 준비하자. 그러면 바이러스를 무서워하지 않아도 된다. 초기 대응을 잘해서 삽으로 막을 일을 굴착기로 막지 말자. 무엇을 준비하고 어떤 방향으로 가야 할지 함께 생각해보자.

차례

PART 4

바이러스가 퍼지면
비로소 나타나는 현상들

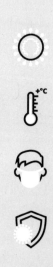

PART

1

보건소에서
바라본 풍경

검사실은
삶의 배움터

보건소 검사실에는 빈혈을 검사하는 어린아이부터 혈압약과 당뇨약을 타러 오는 노인까지 다양한 사람이 방문한다. 검사실에서 만난 사람 중 뇌졸중으로 쓰러져 한쪽 팔다리가 마비되었다가, 10년간의 재활을 통해 정상 회복한 분이 가장 기억에 남는다. 수년간 불편하게 생활하시다가 꾸준한 식이요법과 재활 운동으로, 현재는 이전보다 건강하게 생활하신다. 현대인에게 건강 관리의 소중함과 필요성을 시사하는 사례라 생각한다.

우리 동네에는 오토바이를 타고 다니는 80대 어르신도 계신다. 가죽 재킷에 화려한 액세서리를 하고 도로를 활주하는 모습은 보기만 해도 에너지가 느껴지는데, 그 어르신은 평소 자신의 몸에 맞는 음식인 마늘을 챙겨 먹으며, 즐겁게 살기 위해 노력하신다. 즐거운 마음이 엔도르핀을 활성화해 진짜로 건강하게 한다는 것은 과학적으로 증명된 사실이기도 하다.

늦은 나이에 학교에 다니며 배움에 열정을 불태우는 어르신도 계신다. 70세가 되던 해에 검도를 배우기 시작하고, 대학원을 수료했으며, 지금은 학생들에게 예절을 교육하는 강사로 활동 중이다. 어릴 때 배우지 못한 게 아쉬우시다며, 핑크색 가방에 노트북을 넣어 다니는 모습이 인상적이다.

우리 동네 보건소에는 80대의 연로한 부부도 계신다. 늘 할머니의 손을 잡고 진료에 동행하는 할아버지의 모습에 다정한 남편으로 살아가는 법을 배우며, 지적 장애가 있는 딸의 진료를 위해 매달 방문하는 60대의 아버지를 보면서 부모로서의 덕목을 배운다.

이것이 나의 일터인 보건소 검사실의 일상이다. 이곳에서 만난 사람 한 명 한 명이 나에게는 한 편의 소설과 같으며, 그들의 사연에 함께 울고 웃는다.

아프지 않게
채혈하는 법

나는 어린 시절, 유난히 주사를 무서워했다. 가늘고 뾰족한 주삿바늘만 보면 기겁을 할 정도였다. 주사를 좋아하는 아이는 없겠지만, 나는 주사를 안 맞으려고 도망가기도 하고, 울면서 악착같이 버티기도 했다. 물론, 나의 필사적인 반항에도 주삿바늘은 이런 나를 비웃듯이 내 피부를 뚫고 들어왔다. 그래서 이런 내가 임상병리사가 된 것을 본 초등학교 동창들은 의아해한다. 주사를 제일 무서워하던 아이가 매일 주사기 만지는 일을 하다니!

나는 보건소에서 일하는 임상병리사이다. 임상병리사는 환자의 혈액, 소변, 체액, 조직 등을 이용해 의학적 검사를 수행하고 분석하여, 질병의 예방, 진단, 예후 및 치료에 기여하는 직업으로, 나는 이곳에서 주로 채혈을 하고, 그 혈액을 검사하는 일을 한다. 한마디로 주사기로 피를 뽑고, 피를 검사한다.

유독 주삿바늘을 무서워했던 기억 때문인지 나는 피를 뽑히는 사람들의 마음을 잘 안다. 그래서 어떻게 하면 주사를 덜 아프게 놓을지 모색하기에 이르렀다. 과연 주사를 안 아프게 놓는 방법이 있을까?

사실 주사에 대한 공포심을 조금이라도 덜어주기 위해서는, 주삿바늘이 피부를 통과해 피가 뽑히는 순간 느끼는 아픔을 반으로 줄여주거나, 통증을 느끼지 못하게 채혈하는 게 관건이다. 이를 위해 내가 고안한 방법은 검사실이라는 낯선 환경에서 오는 두려움을 내려놓게 한 뒤, 적극적인 라포 형성으로 내원객의 마음을 안정시키는 것이다. 구체적으로 말하면 내원객의 상황과 주변 환경을 고려해 생애 주기별 맞춤식 대화를 하며 채혈한다. 우선 어린아이에게는 만화 캐릭터 이야기로 친근하게 말을 건네며 검사를 시작하면 좋다. 청소년에게는 공부나 진로에 대한 이야기를, 갓 취업한 사회 초년생에게는 직장이나 인생에서 소중한 것에 대한 이야기를, 산전 검사를 하러 온 예비 부모에게는 아이 셋을 키우며 경험한 육아 이야기를 건네는 편이다. 중년에게는 건강 관리의 중요성을, 노인에게는 증상에 따라 필요한 정보와 추가 도움이 필요한 분야의 사업 부서를 연계해드린다. 이렇게 이야기하다 보면, 현재 내 피부를 뚫고 들어오는 주삿바늘쯤은 대수롭지 않은 것이 된다. 가려운 곳을 긁어주는 수준의 따끔함 정도일까. 인생에는 주사를 맞는 것쯤은 아무 것도 아닐 정도로, 중요한 숙제가 생애 주기별로 있다.

아주 가끔이지만, 주사기 같은 뾰족한 것에 공포심을 갖는 주사공포증을 앓는 사람도 있다. 이런 사람은 주사를 맞다가 과호흡으로 쓰러지기도 한다. 내가 주사기에 대한 공포를 상대적으로 먼지처럼 작게 만들기 위해 노력하는 이유는, 혹시라도 있을지 모르는 이런 상황을 방지하기 위함이다.

채혈 하나에도 다양한 경험이 녹아나는 법이다. 노련한 임상병리사는 상황에 맞춰 최대한 아프지 않게, 최대한 현실을 받아들이게끔 하며 피를 뽑는다. 그리고 이렇게 정성을 들이면, 내 원객들은 피를 뽑히는 데에 불쾌해하지 않는다. "병원에서는 피 뽑기 힘들었는데, 여기는 아프지 않게 잘 뽑으시네요.", "벌써 다 뽑으셨어요?" 하며 놀라는 사람도 있다. 채혈을 업으로 하는 사람에게는 최고의 칭찬이다. 간혹, 검사하러 왔다가 자신의 인생 이야기를 길게 하고 가는 분도 있고, 나도 더 이야기하고 싶지만 시간 관계상 그러지 못하기도 한다. 아무튼 사람들은 보건소에 오면 피만 뽑는 게 아니라 삶의 한 조각도 뽑아놓고 가신다.

고통을 경험해본 사람만이 타인의 고통을 이해할 수 있다. 그리고 나는 채혈의 두려움을 알기에, 최대한 그 불편함을 줄일 방법을 찾는다. 나의 일에 삶과 경험을 녹여낸다면, 보건소를 방문하는 이 모두를 만족시킬 수 있지 않을까?

하얀 연기를
내뿜는 방역차

1970~1980년대를 살아온 사람이라면, 하얀 연기를 내뿜으며 마을 구석구석을 달리는 방역차를 기억할 것이다. 그때는 하얀 살충제를 맞으면, 샤워를 하듯 몸이 깨끗해진다고 믿었다. 그러나 보건소에 와서 살충제의 실체를 마주하고는 놀라고 말았다.

사실 방역차가 내뿜는 하얀 살충제는 석유가 섞인 살충제이다. 열로 석유를 기화시켜, 작은 입자가 된 살충제가 살포되는 것이다. 하얀 연기는 이 과정에서 퍼진다. 그러나 이는 해충 방제는 할 수 있지만, 환경오염과 인체의 유해성 논란은 피할 수 없다. 간혹 바람을 타고 멀리까지 날아간 살충제가 벌이나 물고기 같은 생물을 폐사시키는 경우도 있다. 방역 전에 주변에 양봉 농가는 없는지, 개울에 물고기가 살고 있는지 꼼꼼히 조사해도, 사고는 예기치 않게 일어난다.

그래서 요즘에는 유해성이 낮은 친환경 살충제를 물에 섞어서 방역하거나, 방역 자체를 줄이는 추세이다. 그러나 눈에 하얀 연기가 보이지 않아서일까. 이렇게 방역하면 일부 주민들은 왜 방역을 하지 않느냐고 물어보거나, 민원을 넣는 게 현실이다. 석유를 기화시켜 방역할 경우, 휴대용 연막기를 사용하기도 하는데, 여기에도 문제가 있다. 휴대용 연막기는 방역차가 다니기 힘든 좁은 골목이나 건물 안쪽, 협소한 공간을 방역할 수 있다는 장점이 있지만, 자칫 방역 요원이 화상을 입거나, 화재가 날 수 있다. 실제로 밀폐된 건물 안에서 사용하다가 불이 붙어 화상을 입은 동료도 있었다. 안전하면서 환경을 해치지 않을 수 있는 다양한 방역 방법을 모색해야 한다.

　해충 방제에 있어 가장 바람직하고 근원적인 방법은 무엇일까? 바로 깨끗한 환경을 조성해, 애초에 모기의 유충이 서식할 수 없는 환경을 만드는 것이다. 즉, 결과를 쫓기보다 원인을 찾아 해결하는 게 최선이다. 더운 여름날, 주방에 과일 껍질 등을 방치해 생긴 하루살이에게 살충제를 뿌리기보다, 처음부터 과일 껍질을 치워야 하는 것처럼 말이다. 그리고 실제로는 살충제를 분사하면 호흡기에 좋지 않으므로, 가정에서는 살균제를 묻힌 헝겊으로 사람의 손이 닿는 부분을 닦고 환기에 신경 쓰는 게 좋다.

20년 묵은
소화기

세월호 참사 이후, 공공시설의 안전 점검이 대대적으로 실시되면서 우리도 관내 병원과 요양원을 돌며 의료 시설 점검에 나섰다. 조용한 산 옆에 위치한 요양원에 들렀을 때다. 요양원 앞에는 이른 아침부터 무언가 가득 실린 용달차가 와 있었다. '아침부터 요양원 물품이 들어오나 보다.' 짐작하고, 사무실에 들러 담당자와 재난 대비 항목에 대해 이야기를 나누었다. 그리고 시설이 어떻게 관리되고 있는지를 살피는데, 그제야 부랴부랴 소화기를 교체하고 있는 게 보였다. 용달차에 실려 있던 건 요양원 물품이 아닌, 소화기였던 것이다.

"오래된 소화기를 지금 교체하는 거예요?"

깜짝 놀라 교체 중인 노후화한 소화기를 살펴보니, 10년은 기본이고 20년이 넘은 소화기도 있었다.

분말형 소화기는 유효기간이 10년이다. 옛날에야 소화기를 한 달에 한 번씩 흔들어줘야 했지만, 신식 소화기는 충전 게이지만 확인하면 될 일인데, 이조차 하지 않았을 게 뻔했다. 10년이 지난 분말형 소화기는 분말이 굳어 잘 나오지도 않는데, 불이라도 났다면 어땠을지 생각만 해도 아찔하다.

그리고 실제로 며칠 뒤, 타 지역에 있는 요양병원에서 화재가 일어났다. 입원 중이던 노인 스무 명과 근무하던 직원 한 명이 사망하는 참사였다. 사고가 나기 전 시설 안전 점검까지 했는데도 불이 순식간에 퍼져서 유독가스에 질식한 사망자가 많았다.

20년이 넘은 소화기는 쓸모가 없다. 그리고 보건소는 이렇게 안전을 위해 구비한 물품 중에 방치된 것은 없는지를 살핀다. 개인도 방치된 소화기나 안전 물품이 있다면 적극적으로 교체를 요구하고, 담당 기관에 연락하기를 바란다. 한 사람 한 사람의 관심이 사고를 예방할 수 있다.

감염병
허위 신고 소동

어느 날, 식중독 발생 신고가 들어왔다. 식당에서 세 명이 식사를 했는데, 배탈과 설사 증세를 보인다는 것이다. 원래 두 명 이상이 식중독 증세를 보이면 신고하게끔 되어 있다. 감염의 확산을 막기 위해서이다. 우리팀에서는 신고자에게, 일단 가까운 병원에 가서 검체를 채취하라고 안내하고, 급히 식당으로 출동했다. 그런데 막상 식당에 가보니 손님도 없고 사장님 부부만 덩그러니 카운터를 지키고 있었다. 식중독 발생 신고가 들어와 조사하러 왔다고 하자, 사장님은 어리둥절해하기까지 했다.

"아, 그 사람들인 것 같아요!"

식당 사장님은 뭔가 할 이야기가 있는 듯했다. 표정에도 억울함이 묻어나왔다.

"공사 현장에서 일하는 인부들인데, 우리 식당이랑 다툼이 있었거든요. 해코지하려고 거짓말한 것 같아요."

역학 조사를 하러 왔는데, 상황은 전혀 다른 방향으로 흐르고 있었다. '경찰서나 소방서에 허위 신고하듯 감염병도 허위 신고를?' 당황했지만, 일단 양쪽의 말을 모두 들어보기로 했다. 그리고 진실은 금방 드러났다. 신고자가 병원을 방문하지 않은 것이다. 보통 너무 아프면 보건소까지 오는 것도 힘들어해 가까운 병원으로 달려가기 마련인데, 그들은 아무 곳에도 가지 않았다. 식중독이 발생하면, 항생제 투여 전에 검체를 채취하고, 채취한 검체를 보건소에서 받아 보건환경연구원에 검사를 맡기게 되어 있다. 게다가 이 과정은 여러 날이 걸리는 게 아니라, 신고 즉시 이루어진다. 우리는 신고자에게 연락해 바로 병원에 방문하라고 한 번 더 재촉했다. 이도 힘들면, 직접 검체를 채취하러 가겠다고 하니 그들은 이리저리 핑계를 대며 검사를 거부했다.

식중독 발생 원인을 밝히기 위해서는 환자의 몸에서 나오는 원인균이, 먹은 음식이나 조리사의 몸에서 나온 병원균이 같은지를 봐야 한다. 식중독이 맞으면 여러 병원균 중 하나라도 일치한다. 그러나 검사를 거부한 것만 봐도 진실이 밝혀진 셈이다. 그렇다고 거짓말을 하느냐고 따질 수도 없었다. 심증만으로 단정 지을 수 없기 때문이다.

혹시나 해서, 식당의 식자재와 주방 물품, 조리사의 검체를 조사해봤지만 특별한 식중독 원인균은 나오지 않았다. 신고자에게 전화해 "검사를 하셔야 정확하게 식당의 어떤 부분에서 잘못되었는지 알 수 있습니다."라며 협조를 부탁했지만, 그쪽에서도 들통이 났다 싶었는지 "이제 조금 괜찮아지는 것 같네요."라고 슬그머니 꼬리를 내렸다. 우리 입장에서야 감염병이 발생하지 않았다는 것만으로도 다행이었지만, 허위 신고에 대해서는 맥이 빠졌다. 결국 애꿎은 식당만 번거로운 일을 겪었다.

실제로 이런 일을 당하는 식당이 많다. 돈을 노리고 식중독에 걸렸다며 업주를 협박하는 사람이 있는 것이다. 식당 입장에서는 억울하지만, 보건소 직원이 왔다갔다하는 모습을 손님이 보면 좋아할 리도 없고, 위생 상태를 지적받을까 봐 그냥 합의금이나 위로금 조로 돈을 건네게 된다. 부산에서 횟집을 하시는 이모도 이런 일을 겪은 적이 있다. 맛있게 잘 먹고 간 손님들이 배가 아프다고 전화해, 보건소에 신고하겠다고 협박한 것이다.

이럴 때는 어떻게 해야 할까? 보통 식중독에 걸렸다며 협박하는 사람들은 사실 여부를 들키지 않기 위해 전화로 항의한다. 이때는 침착하고 정중하게, 가까운 병원에 가서 진료부터 받도록 권고하자. 그리고 배상금이나 진료비를 청구할 경우, 진료 접수한 병원 명을 알려달라고 하라. 거짓말하는 사람은 보통 이쯤에서 포기한다.

물론, 진짜로 식중독에 관련한 항의가 들어왔을 때도 이렇게 대처해야 한다. 업주는 이러한 조치를 취할 의무가 있다. 환자의 몸에서 나온 식중독 원인균과 식당에서 나온 병원균 대조 후에 결과가 나올 것이니 문제는 일단락된다.

식중독 허위 신고에 대해 자세히 이야기하는 이유는, 돈을 편취할 목적을 가진 사람에게 누구도 억울한 일을 당하지 않기를 바라는 마음에서이다. 돈을 요구하며, 보건소에 신고한다고 협박을 하면 매뉴얼대로 행동하라. 그래야 허위 신고를 근절할 수 있다.

설마하는 일이
가까이에서 일어날 수 있다

2005년 가을에 개봉한 영화 〈너는 내 운명〉을 봤다. 시골의 순박한 총각 역을 맡은 황정민의 순수함과 에이즈 질환자이자 다방 종업원 역을 맡은 전도연의 현실적인 연기가 돋보인 작품이었다. 그러나 당시에는 뉴스에서나 볼 법한 내용이었지, 크게 와닿지 않았다. 실화를 바탕으로 했어도, 자주 있는 일은 아니었기 때문이다. 그런데 얼마 뒤, 관내에서 에이즈 질환자가 사망한 사건이 일어나고 말았다.

타 지역에서 관리 받던 에이즈 질환자가, 행방불명으로 주민등록이 말소된 상태에서 관내 다방에서 일하다가, 에이즈 합병증으로 사망한 것이다. 정말 가까이에서 이런 일이 일어나리라고는 생각지도 못했다.

보건소에서 일하며 겪은 큼지막한 사건이 하나 더 있다. 임상병리 검사실에서 근무하는 직원은 모두 식중독 원인 미생물에 대한 보수 교육을 받는다. 식중독은 전파 속도가 빠르고, 사람의 목숨을 빼앗을 수 있는 감염병이므로 '우리 지역에서는 일어나지 않았으면…' 하는 마음으로 교육을 듣는다. 그리고 우리는 모두 식중독 원인균을 찾아내야 하는 사람들이므로 사명감을 갖고 교육에 임한다. 교육 내용 중, 수학여행을 간 학생들이 어느 연수원에서 단체로 식사한 뒤 집단으로 배탈과 설사를 한 사례가 있었다. 덜 익힌 음식이 원인이었다. 원인균에 감염되어 심한 복통으로 고생한 사람들은 물론, 그 일을 조사하고 수습한 직원들도 여간 힘든 게 아니었겠다 싶었다.

그런데 보수 교육을 들었던 그 해 여름, 몇 년 동안 잠잠했던 식중독 감염 사고가 우리 지역에서 크게 터지고 말았다. 한 연수원에서 수련을 받은 사람들이 집단으로 설사와 복통을 호소한 것이다. 모두 한날 단체로 식사하고, 귀가한 다음 증세가 나타난 터라 다들 각자의 집 근처 병원에서 검체를 채취한 상태였다. 우리는 빨리 원인균을 찾아야 했다. 상하거나 덜 익힌 식자재를 쓴 건 아닌지, 칼이나 도마 등 조리용품이 비위생적인 건 아닌지 다방면으로 역학 조사를 해나갔다. 그런데 조사하는 며칠 사이에 해당 연수원에 들른 또 다른 단체에서 추가 확진자가 발생했고, 결국 연수원은 상황 종료 때까지 영업 정지를 처분 받았다.

그리고 며칠 뒤, 보건환경연구원의 시료 분석 결과가 나왔다. 원인은 오염된 지하수였다. 그 해 유난히 가물어 지하수가 마르기도 했고, 지하수를 뽑아 올리는 관에 소독 장치를 하지 않은 게 화근이었다. 청정 지역이고, 지하 깊은 곳에서 나오는 물이라 안전할 거라 자신한 탓이었다. 기본적이고도 간단한 절차를 밟지 않으면 이처럼 수백 명의 사람이 희생될 수 있다.

재난 대비 훈련은
실전처럼

나는 보건소에서 병리 검사 외에 재난에 대비한 응급 의료 업무를 맡고 있다. 바로 '생물테러 대비·대응' 업무이다. 그러나 이 업무를 맡으며 부담되는 일이 하나 있었다. 바로 유관 기관과 합동으로 하는 모의훈련을 주관하는 일이었다. 의문의 백색가루 신고에서 출동과 대응까지 시나리오를 써서 훈련을 준비해야 했다.

우리 보건소를 비롯해 지자체, 경찰서, 군부대가 함께하는 모의 훈련을 맡아야 한다니 심적 압박이 대단했다. 며칠째 시나리오를 쓰고, 수정하기를 반복하고, 유관 기관에 연락까지. 게다가 보건소에서 직접 주최하는 첫 행사라서 너무 긴장되었다.

난생처음 시나리오를 쓰려니 막막해서, 낮에는 타 기관에서 주최하는 행사에 참여하고, 밤에는 이를 참고해서 글을 썼다.

팀장님도 거들고 싶으셨는지, 늦은 저녁까지 수정할 부분을 짚어주셨다. 그러나 여전히 막막하고, 급기야 답답해서 눈물이 났다. 내 능력이 여기까지인가 싶어 속상했다. 한 줄 한 줄 써내려간 시나리오는 형편없어 보였다. 그래도 동료들의 도움을 받아 매일 쓰고, 수정하기를 반복하다 보니, 어느덧 그럴싸한 시나리오가 완성되었다. 야근을 불사하신 팀장님, 훈련 전날까지 내용을 검토해주신 동료들, 모두에게 감사했다. 그렇게 예행연습과 행사 준비를 마쳤고, 2017년 11월의 훈련 전날, 그해 첫눈이 내리기 시작했다.

훈련 당일, 군부대와 경찰서에서 불참한다는 연락이 왔다. 작전 훈련과 사망자 수색 작업 때문이었다. 그러나 화재 출동으로 예행연습을 하지 못했던 소방서는 다행히 본 훈련에는 참가할 수 있었고, 조촐했지만 우리 직원들이 빈자리를 채워주었다. 오전에 총 연습을 하고 오후에 드디어 본 훈련에 들어갔다. 여러 번 합을 맞춰서인지 백색가루 의심 신고부터 출동과 대응까지, 모두 배우가 된 듯 완벽하게 훈련을 해냈다. 결과는 대만족이었다. 2년에 한 번씩 있는 의무 훈련이지만, 실제 상황에 대비한 훈련을 게을리할 수 없다.

훈련이 끝나자 그동안의 고단함이 날아가는 듯했고, 큰 행사를 무사히 치렀다는 뿌듯함이 밀려왔다.

이렇게 지자체를 비롯해 보건소는 국가와 지역을 위한 다양한 훈련과 대비를 하고 있으며, 전염병 관리 시뮬레이션에도 활용할 수 있어 의미가 있다. 그리고 개인적으로는 훈련을 준비하며 국가에 이바지할 수 있도록 한 단계 성장할 수 있었다.

개미들의
구호 활동

　보건소에 온 지 6년이 되던 해는 세월호 참사 1주기라 사회적으로 국가 재난에 관심이 많던 때였다. 나도 검사실에서의 업무 외에 재난 대비 업무를 맡아, 응급 의료 매뉴얼을 수정하기도 하고, 실제 재난 상황에는 어떻게 해야 할지 늘 고민이었다.

　구내식당에서 식사를 하고, 근처에 있는 강가를 산책했다. 차분히 생각도 정리하고 햇볕도 쬘 참이었다. 산책로는 자동차 한 대 정도가 지나갈 수 있는 정도의 길이었고, 나는 그 길을 따라 걸었다. 그때 분주하게 움직이는 개미 떼가 보였다. 개미들은 단단한 콘크리트 도로 사이에 있는 틈에 집을 짓고 들락날락하며 먹이를 옮기고 있었다. 그 모습이 풍요롭게 느껴져, 나는 가던

길을 멈추고 사진을 찍었다. 그리고 발자국을 더 옮겼을 때, 자동차 한 대가 산책로에 들어서는 게 보였다. '개미들이 바퀴에 깔리겠는데? 어떡하지?' 개미 떼 생각에 아찔해졌다. 그러나 자동차는 막을 새도 없이 순식간에 개미집 위를 지나치고 말았고, 얼른 되돌아가 개미집을 보니 폭탄이 떨어져 아수라장이 된 전쟁터처럼 난리가 나 있었다.

특히 아스팔트 위에 있던 개미는 다 죽어버렸고, 몸이 성한 개미들은 잰걸음으로 바쁘게 왔다갔다하고 있었다. 재난 대비 업무를 맡은 나로서는, 개미들에게는 지금이 재난 상황이겠구나 싶었다. 자세히 관찰하니, 다친 개미 한 마리가 동료를 부축하고 있었다.

"위생병, 위생병!"

흡사 다친 동료의 의식이 혼미해져 가는 상황에서, 조금이라도 움직일 수 있는 병사가 위생병을 찾는 장면처럼 보였다. 그리고 다른 쪽에서는 개미 두 마리가, 다친 동료를 들것에 태운 것처럼 들어서 어디론가 옮기고 있었다. 어디서 배운 것도 아닐 텐데, 본능적으로 사태를 수습하는 모습이 감동적이었다.

비록 구급차도, 의료 도구도 없는 개미들이지만, 온몸을 던져 동료를 구하는 모습을 보고 있자니, 재난이 일어났을 때 어떻게 움직이고 대처해야 하는가를 그려볼 수 있게 되었다.

나는 사회의 한 구성원이자, 시민이며, 재난 시 해야 할 임무가 있는 사람이다. 한낮에 개미들의 구호 활동은 인상적이었고, 재난 시 어떻게 해야 할지 영감을 주었다.

조직에는
리더십이 필요하다

어느 조직이든 관리가 필요한 법이다. 병원에서는 진단검사의학과에 근무해서 검사 결과에만 신경을 썼는데, 보건소에서 근무하다 보니 조직 관리의 중요성을 크게 느끼게 되었다. 나는 조직을 이끄는 방법이나, 인력을 관리하는 방법이 궁금해졌다. 책이나 강의를 통해 배울 수도 있지만, 그래도 나에게는 직접 보고 배울 수 있는 직장이라는 곳이 있지 않은가. 직장 생활에 충실하며, 책도 읽고 그 안의 내용을 직접 경험해나갔다.

세상에는 다양한 리더십이 있다. 나는 10년간 우리 보건소를 이끈 세 분의 보건소장님을 보며, 리더에 따라 조직의 분위기가 달라진다는 걸 깨달았다.

처음 만난 보건소장님은 시원시원한 성격에, 조직의 분위기를 중요하게 생각하는 분이었다. 보건소의 자잘한 업무까지 속속 들이 파악하고 계셨으며, 업무를 담당하는 직원까지 세심히 살 폈다. 그래서 업무에 문제가 생기면 담당 직원에게 적절한 조언 을 해주셨다. 또 운동을 좋아하고 직원들의 화합을 중요시해서, 관사에 머물며 퇴근 후에는 탁구도 치고, 출중한 악기 연주와 노래 실력으로 고속도로 휴게소에서 자선 모금 활동도 하셨다. 송년회에서는 직원들을 위해 직접 분위기를 띄우기까지! TV에 나오는 만능 엔터테이너 같은 분이었다.

두 번째 보건소장님은 업무를 미리 세밀하게 구성하고 추진 하는 분이셨다. 물론 직원들은 그간 해오던 업무 매뉴얼을 더 구체적으로 짜야 하는 수고가 있었지만, 결과적으로는 자료 를 제출하거나, 업무를 다시 파악할 일이 있을 때 요긴했다. 특 히 상반기와 하반기가 끝날 즈음, 전 직원이 모여 성과 보고회 를 가졌는데, 타 부서의 업무를 이해하는 데 도움이 되었다. 이 러한 행사는 개인의 발전도 돕는다. 나는 발표 자료와 동영상을 제작하며 능력을 키울 수 있었다.

세 번째 보건소장님은 자상한 어머니처럼 직원들을 아우르고 지원하는 분이었다. 이런 리더십은 책에나 있는 줄 알았는데, 직 접 겪어보니 귀감이 되었다. 너무 편해서 기강이 해이해질 것 같 지만, 실제로는 직원 한 명 한 명을 믿고 일을 맡기는 시스템이기 때문에 책임감을 가질 수 있었다. 게다가 세월호 참사 이후, 재난 대비 훈련을 준비할 때였다. 국민안전처 차관님과 실무자들이 점검을 나와 이것저것 꼼꼼히 물어보셨는데, 소장님은 차분하게 답을 이어나갔다. 맡은 업무와 사업만으로도 벅찰 텐데, 재난 분야까지 파악하고 계시다니!

보건소장님들은 3년 정도씩 근무하고 다른 기관으로 가셨다. 리더십의 스타일은 각자가 다르다. 누가 잘하고 못하는 게 아닌, 다름이 만들어내는 발전이다. 직원들도 그렇게 다양한 경험이 쌓이며 발전했고, 결국 조직은 한 단계 성장했다.

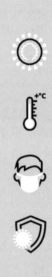

삶에도 항체가
필요하다

이름의 뜻을 바꾸면
인생이 바뀐다

이름은 타인에게 불리기도 하고, 내가 사용하기도 한다. 그만 큼 이름은 평생을 사용한다. 그 이름이 마음에 들 수도 있고 아 닐 수도 있다. 마음에 들지 않아 개명하는 사람도 있다.

나도 내 이름이 마음에 들지 않았다. '봉'이라는 글자가 들어 있어서 친구들이 나를 '봉봉'이라고 부르거나 '나는, 봉이야~' 하며 놀렸기 때문이다. 그럴 때마다 나도 이름에 세련된 글자가 들어 있으면 싶었다. 왜 많고 많은 이름 중에 '봉재'일까?

내 이름에 봉은 한자로 '받들다'라는 의미의 '받들 봉(奉)'이 고, 재는 어조사 '…이다'라는 의미의 '어조사 재(哉)'다. 말 그대 로 그냥 '받들다'라는 의미의 이름이다. 어머니께 물어보니, 원 래 지어둔 이름이 있었는데 할머니께서 첫 손주인 내가 귀하기 도 하고 예뻐서 작명소에 가 큰돈을 주고 다시 지어온 이름이라고 하셨다.

그러던 어느 날, 직장 내 모임에서 자기소개를 할 시간이 있어 아이디어를 냈다. "안녕하세요. 봉사하는 재능을 가진 김봉재입니다!"라고 이름을 나름대로 풀어 소개한 것이다. 이렇게 말하니 봉사활동도 꾸준히 하고, 사회 복지를 공부하고 있는 나와 잘 어울리는 듯했다. 이후로 이름의 뜻을 되새기며 내가 꿈꾸는 삶으로 나아가리라 다짐했다. 마음에 들지 않던 이름이, 생각을 달리하니 새롭게 보였다.

보건소의 재난 대비 업무는 사실 모두가 부담스러워하던 업무였다. 떠밀리다 못해 검사실에서 일하는 나에게까지 업무가 넘어온 것이다. 혈액 검사에 미생물 검사까지 하는 나에게 재난 대비 업무까지 추가라니. 부담스럽기는 나도 마찬가지였지만, 그래도 이왕 맡았으니 잘 해내리라 마음먹었다. 그렇게 몇 년을 일하다보니, 지자체와 소방서, 경찰서, 군부대, 시민 단체 사람들과 인맥도 생기고, 의무경찰을 했던 경험을 보태어 재난 대비 업무의 양상을 갖추게 되었다.

문득 다시 내 이름을 생각해보았다. '재'는 사실 천자문에서 997번째에 있는 글자로, 어조사여서 큰 뜻이 없다. 그러나 찾아

보니 '처음, 재난'이라는 뜻도 있었다. 그러면 내 이름은 '재난을 받들다'라는 의미가 된다. 내가 재난과 관련한 일을 하리라 결정 지어 있던 걸까? 나는 재난 대비 업무에 사명감을 느꼈다.

　대한민국 임시정부 수립 100주년이 되는 해에 상해임시정부 를 순례했다. 김구 선생님과 윤봉길 의사, 이봉창 의사를 가까 이 접했는데, 윤봉길 의사와 이봉창 의사의 이름을 자세히 보 니 나랑 같은 '받을 봉(奉)'을 쓰고 계셨다. '나라가 어려웠던 시 기에 목숨까지 바치는 분도 계시는데, 나는 국민을 위해 무엇을 할 수 있을까?' 지금은 임상병리사로 있지만, 언젠가는 국민을 보호할 수 있는 영향력을 지닌 사람이 되고 싶다는 생각이 들 었다.

　누구나 이름이 마음에 안 들면 개명할 수 있다. 그러나 개명 하기 전에, 내 이름에 좋은 뜻은 없는지, 내가 재해석할 방법이 없는지 찾아봤으면 한다. 나는 내 이름을 들을 때마다 어떤 사 람이 되어야 할지 되새긴다. 그렇게 이제 나의 이름은 나를 부르 는 대명사이자, 인생의 목표가 담긴 보물이 되었다.

빌딩 유리창에서
사회 복지를 만나다

대학을 졸업하고 취업을 준비하던 중, 수유동 어느 빌딩의 유리창에 붙은 '자원봉사자 교육' 전단을 보았다. 자원봉사라고 하면 뭔가 희생정신이 투철한 사람이 하는 거라 여겼는데, 그날은 왠지 전단의 문구가 맴돌았다. 그러나 아들 뒷바라지하느라 서울에 올라와 계신 부모님께 봉사활동 교육을 받겠다는 말을 선뜻 꺼낼 수가 없었다. 취업할 시기에 자원봉사 교육이라니, 아버지께서 반대할 것이 뻔했다. 그러나 며칠 후 나는 부모님 몰래 수강을 신청해버렸고, 들을수록 재미 있어서 푹 빠져버렸다. 그곳에서 나는 사회 복지 전반에 대한 기초를 배웠다. 수강생 대부분이 연륜도 있고, 봉사에 뜻이 있어 온 사람이라 분위기도 좋았다. 2001년이었으니, 그때가 자원봉사 교육 초창기였을 것이다. 일단 교육을 듣기 시작하니, 일주일에 두 번뿐인 수업하는 날만 기다려지고, 빨리 실습도 나가고 싶었다. 그렇게 나는 서울시에서 주최하는 강북구 자원봉사자 교육을 수료했다.

강북구 보건소에서 처음으로 봉사활동을 경험했다. 내가 맡은 임무는 금연 캠페인이었다. 비흡연자라 '담배를 끊자'라는 캠페인에 적극적으로 나설 수 있었다. 부모님께는 보건소에서 봉사활동을 한다고 말씀드려서 이해를 받았다. 인턴사원 개념으로 생각하셨을지 모르겠다. 그리고 우연일지 몰라도, 나는 현재 보건소에서 근무하고 있다. 취업 준비생일 때만 해도 상상치 못한 일이었다. 보건직 공채로 합격해 국립 병원에서 일하다가, 정말로 보건소에서 일하게 될 줄이야. 보건소는 나와 인연이 있는 곳 같다.

수유역의 어느 빌딩 유리창에 붙어 있던 전단 한 장이 내 인생을 바꾸었다. 취업을 준비하던 때 사회 복지를 만나다니, 우연이라기에는 큰 선물을 받은 듯하다. 살다보면 삶의 방향을 결정해야 하는 순간이 온다. 그러나 우연한 선택처럼 보일지라도, 결국 내가 뿌린 씨앗이 자라서 나에게 온 것뿐이다. 내가 배운 기술과 학문, 관심 있던 분야를 아우르다보면 인생의 중요한 결정에 반드시 도움이 된다. 주변을 둘러보자. 어디엔가 내가 키울 씨앗이 있을 것이다. 빌딩에 붙어 있던 전단이 내 눈에 띈 것처럼 말이다.

삶에도 항체가
필요하다

어릴 때부터 내 코는 늘 막혀 있었다. 비염이 심해서, 숨은 코로 쉬는 게 아니라 입으로 쉬는 걸로 알 정도였다. 초등학교에 들어갈 무렵, 아버지는 내 손을 잡고 읍내에 있는 약국에서 비염 약을 지어주셨다. 그때는 의약분업 전이라 약국에서 약을 조제해줄 때였다. 빨리 낫길 바라는 마음으로 한번에 예닐곱 개의 알약을 때맞춰 먹었다. 지금 생각해보면, 소화제와 소염제, 항생제, 항알레르기약제 등이었을 것 같다. 그러나 이틀째 되던 날, 나는 한 움큼 넣은 알약을 모두 토해내고 말았다. 어린아이가 감당하기에는 양도 많고, 냄새도 비렸을 것이다. 그렇게 나는 초등학교에 다니는 동안에도 입으로 숨쉬고 다녔다. 게다가 중학교 때 서울로 상경했는데, 매연 때문인지 비염은 더 심해지고 말았다.

나는 오늘도
보건소로 출근합니다

고등학교를 졸업할 무렵, 나는 체력을 기르기 위해 합기도를 시작했다. 그러나 2주가 지나자 낙법 연습 때문에 팔꿈치에 피딱지가 말라붙고 아팠다. 운동하다가 창가에 서 있자니 눈물이 났다. 그냥 눈물이 흘렀다. 머릿속에는 그만두고 싶은 생각으로 가득 찼다. '내가 왜 이렇게까지 운동을 해야 하나? 그냥 집에 갈까? 누가 시켜서 하는 것도 아닌데⋯.' 그때 체육관에서 같이 운동하던 형이 다가와 "운동을 시작하면 누구나 겪는 일이야. 이 고비만 지나면 잘할 수 있으니까 포기하지 마."라며 위로해주었다. 그 말에 나는 운동하러 가기 싫은 마음을 다잡고, 다시 체육관으로 향했다. 그리고 그로부터 딱 일주일이 지나자 운동이 익숙해지고, 몸이 가뿐해졌다.

그런데 예상치 못한 일이 생겼다. 코로 숨이 쉬어지기 시작한 것이다. 뭔가 뻥 뚫리는 기분이었다. 운동으로 몸의 면역력이 높아지니 자연스럽게 비염이 나았다. 피딱지가 달라붙은 팔꿈치도 시간이 지나니 나았다. 뭉쳐서 단단해진 근육도 시간이 지나면 적응하게 되어 있고, 고통을 이겨내면 튼튼해지는 법이었다.

하루는 몸살 기운이 있어서 정말 쉬어야 할 것 같았다. 관장님께 말씀은 드려야 했기에, 출근 도장 찍듯 체육관에 들러 인사만 하고 가려 했는데, 관장님과 형이 나를 붙잡았다. 운동으로 땀을 쫙 빼면 감기가 떨어져 나간다는 것이다. '인사라도 드리려고 겨우 나왔는데… 무리하는 거 아닌가?' 난감했다.

나는 눈을 딱 감고 30분만 운동하기로 했다. 준비운동을 하고 발차기를 하니 땀이 나면서 체온이 올라갔다. 열이 나서 쓰러질 것 같았다. 한 10분쯤 하자 어지럽고 기운이 없었다. 그러나 30분을 하자 신기한 현상이 일어났다. 감기 기운이 사라지고, 몸이 한결 개운해진 것이다. 30분 전만 해도 머리에 물수건을 대고 누워 있어야 할 것 같고, 팔다리가 욱신거렸는데 말이다. 태어나 처음이었다. 합기도를 하며 마음도 강해졌다. 이전에는 골목길에서 불량배를 만날까 봐 걱정이었는데, 이제는 불량배를 잡아서 혼내줄 수도 있을 것만 같았다.

합기도는 내 삶에 항체를 주입한 것과 같다. 세상의 고난을 '항원'이라고 한다면, 우리 몸에는 고난을 이겨낼 힘인 '항체'가 필요하다. 항체는 태어날 때부터 갖고 있을 수도 있지만, 없으면 예방접종을 하거나, 노력해서 얻을 수도 있다. 즉, 원래 강하게 태어나는 사람이 아니라면 항체를 만들거나 얻어야 하며, 나에게 합기도는 약하게 태어난 내가 노력해서 획득한 항체와 같다.

항체가 한번에 생기지 않을 수도 있다. 예방접종 중에서도 B형 간염은 총 3회에 걸쳐 맞는다. 항체가 한번에 생기지 않는 것을 고려해 1차 접종 한 달 뒤에 2차 접종을 하고, 5개월 뒤에 3차 접종을 한다.

고난은 한 번 겪었다고 끝이 아니다. 우리는 여러 번의 고난과 새로운 경험을 마주한다. 이는 삶의 면역력을 높이는 방법이라 할 수 있다. 물론, 한 번의 예방접종으로 항체가 만들어질 수 있듯 사람마다 항체를 얻는 능력은 다르다. 그러나 어찌 되었든, 고난을 이겨내 본 사람만이 건강한 삶을 살 수 있다.

한발 더 나아가, 우리가 보유한 건강한 항체를 주변에 나누면 건강한 사회를 만들 수 있다. 이 항체를 다음 세대에 전해줄 수 있으면 좋겠다. 한 명 한 명이 항체가 되어 건강한 유전자를 만들면 어떨까? 건강한 미래가 되지 않을까.

양계장의 닭은
바쁘다

　내 고향인 해남에 가로등이 처음 들어왔을 때다. 가로등 세 개는 해만 지면 암흑이던 우리 동네를 환하게 비춰주었다. 당시 우리 동네는 주로 벼농사를 지었는데, 몇 년을 관찰해보니, 이상하게도 가로등 아래에 있는 벼는 키도 작고 이삭이 별로 없었다. 세 군데 모두가 그랬다.

　벼농사에서 제일 중요한 건 햇볕과 물이다. 일조량이 얼마나 풍부한지, 물이 제때 충분히 공급되는지에 따라 그해 수확량이 결정된다. 나는 햇볕을 받듯이 가로등 불빛을 받으면 더 잘 자랄 줄 알았는데 그 반대여서 의아했다. 이유를 안 건 한참 후였다. 벼도 인간처럼 낮에는 햇볕을 충분히 받고, 밤에는 캄캄한 곳에서 잘 쉬어야 한다.

　벼농사의 관건이 햇볕과 물이듯이, 닭도 환경이 좋아야 잘 자

나는 오늘도
보건소로 출근합니다

란다. 우리 집의 닭은 양계장에서 사육되는 닭과는 달리 정말 건강했다. 낮에는 논밭을 돌아다니며 벌레를 쪼아 먹고, 충분한 햇볕을 쬐었다. 탁 트인 곳을 돌아다니니 근육이 발달하고, 늘 주변을 살펴서 영민했다. 게다가 담장을 한번에 오르는 점프력과 고양이를 쫓아내는 매서움, 칼 루이스처럼 빠른 내달리기까지. 시골에서 자유롭게 자란 닭은 이렇다.

잘 때는 자야 한다. 모든 생명체는 낮에 일하고 밤에 자야 건강하다. 양계장의 닭은 일말의 자유도 없는 좁은 공간에서 밤낮없이 먹고, 알을 낳는다. 인간이 주는 사료를 받아먹고, 운동을 하지 않아 허약하며, 항생제를 자주 맞는다. 2017년, 살충제 달걀 파동도 이와 관련이 있을 것이다. 무엇이든, 자연 그대로가 건강한 법이다. 사실, 이제는 닭뿐 아니라 소도 사료를 먹는다. 특히 풀을 먹는 소에게 동물성 사료를 먹인다면 결국, 인간에게도 좋을 리 없다. 소는 원래 논둑에서 햇볕을 쬐며 주변에 있는 파릇한 풀을 먹고, 집에 돌아와 되새김질하는 동물이다.

요즘에는 아이들도 밤늦게까지 학원에 다닌다. 낮에는 하늘한 번 볼 틈도 없이 수업을 듣고, 밤에는 잠을 줄여가며 공부한다. 대견하면서도 안타깝다. 한창 성장할 때인데 뛰어놀기도 하고, 잠도 푹 자면 얼마나 좋을까 싶다. 직장인도 마찬가지다. 낮에는 사무실에 갇혀 일하고, 저녁에는 야근과 회식에 피곤에 찌든 삶을 살며, 만성피로를 겪는다.

가로등 아래의 벼, 양계장에서 밤낮없이 먹고 알을 낳는 닭, 사육당하는 소, 그리고 밤낮없이 달려가는 현대인을 보면 안타깝다. 충분한 햇볕을 쬐고, 휴식을 취하며 효율성을 높일 수 있는 삶을 살아갈 수는 없을까?

과학경진대회에서
일등을 하다

초등학교 때 과학경진대회에 나갔다. 현미경 하나 변변치 않은 해남의 시골 마을에서 전국 대회에 나간다는 건 쉬운 일이 아니었다. 필기는 교과서에서 주로 출제되어 어렵지 않았는데, 문제는 실기였다. 실험 기구를 책에서나 보았지 실제로 만져본 적도 없던 것이다. 학교 과학실도 환경이 열악했다. 그런데도 나는 당당히 일등을 해, 과학기술처 장관상을 수상했다. 거기에는 몇 가지 비법이 있었다.

첫째, 한 번쯤은 큰 상을 타보고 싶다는 '열망'이 있었다. 과학을 좋아했기에, 과학으로 승부를 보고 싶었다. 부상으로 《과학대백과사전》을 받았는데, 서점에서 구하기도 어렵고 비싼 책이라 정말 갖고 싶었다. 특히 가족들이 좋아할 것 같아서 도전해

보고 싶었다. 농사짓느라 특별히 재미랄 게 없는 삶에서, 내가 상을 타면 모두 기뻐하실 것 같았다.

둘째, 평소에 '손 감각'을 익혔다. 당시 나의 아버지는 공부 이외에는 다 노는 걸로 생각하고, 장난감 조립도 못하게 하셨다. 그러나 나는 장난감 조립을 무척 좋아했던 아이였고, 하고 싶은 것은 끝까지 해내는 근성이 있었다. 당시 아이들은 오후 9시에 새 나라의 어린이는 일찍 자고 일찍 일어난다는 방송이 나오면 잠자리에 들었는데, 나는 그때가 시작이었다. 미리 조립 설명서를 읽어서 외워두고는, 캄캄한 이불 속에서 감각에만 의지해 장난감을 조립했다. 다 맞추고 났을 때의 희열을 아직도 잊을 수 없다. 처음 만져보는 실험 기구를 차분하게 사용했던 것은, 평소에 손 감각으로만 장난감을 조립하던 경험 때문이었다. 모든 문제가 이불 속 장난감 조립보다 쉬웠다.

당시 실기 시험에 식물의 상피세포를 관찰하고 그리는 문제가 있었다. 책상 위에는 광학 현미경과 양파 하나가 놓여 있었다. 당시 나에게 현미경이란, 과학실에서 한두 번 만져보기만 한 것이고, 양파는 어머니의 음식에 들어 있는 재료일 뿐이었다. 이런 나에게, 양파의 상피세포를 관찰해서 그리라니, 눈앞이 캄캄했다. 현미경 앞에 양파는 밭에서 갓 캐온 듯 불그스름하고 맨질맨질한 상태였다. 제한 시간이 있어서 다음 문제로 바로 넘어갈까 했는데, 이 문제를 놓치면 입상을 못할 것 같았다. 재깍재깍 흐르는 시간 속에서, 나는 '어차피 이 문제를 못 풀면 등수에 못 드니까, 일단 만지면서 시작해보자.' 하고 마음먹었다.

일단 현미경의 렌즈를 들여다보았다. 도시에서 쓰는 현미경이라 그런지, 학교에서 만져본 현미경과는 딴판이었다. 현미경 파악 완료! 이번에는 양파가 문제였다. 교과서에 나온 대로 그리면 될 것 같지만, 시험에서는 감독이 직접 현미경을 확인해 점수를 매겼다. 어떻게든 양파 속의 진짜 모습을 세상에 내보여야 했다. 나는 흩날릴 듯 푸석푸석한 겉껍질을 하나 떼보았다. 확실히 봐도 겉껍질을 관찰하는 건 아닌 것 같았다. 양파를 까고 또 깠다. 안 그래도 울고 싶은데 매운 향까지 풍겨와 눈물이 났다. 도대체 현미경 제물대 위에 무엇을 올려야 하는가! 하얀 덩어리를 제물대에 올려봤지만 뭔가 어설펐다. '더 얇게 잘라야 하나?' 옆에 있는 칼로 조심히 잘라보았다. 양파의 매운 향이 더 진하게 풍겼다. 진도는 안 나가고, 감독관 선생님은 기다리고 있고… 그때였다. 양파를 자르던 칼끝에 무언가가 보였다. 껍질과 껍질 사이에 있는 얇은 막이었다. 이제야 실마리가 풀리는 듯했다. 칼끝으로 얇은 막을 걷어내 슬라이드 위에 올렸다. 캄캄한 이불 속에서 장난감을 조립하던 섬세함을 발휘해 돌돌 말린 막을 폈다. 그렇게 당락을 결정짓는 문제를 풀어냈다.

셋째, 시험 볼 무렵 꾼 돼지꿈 덕분이다. 어디선가 돼지꿈을 꾸면 좋은 일이 생긴다는 말을 듣고, '나도 돼지꿈을 꾸어야겠다.'하고 마음먹었다. 그래서 한밤중에 일어나 돼지코를 만들어 거울을 보며, 돼지꿈을 꾸려고 노력했다. 그 마음이 가상해서였을까. 정말로 나는 돼지꿈을 꾸었고 좋은 결과를 얻었다. 사실 꿈 때문이 아니라 그만큼 잘하고 싶다는 마음 때문이었으리라.

지금도 검사실에서 현미경으로 검체를 확인할 때면, 그때 생각이 난다. 이루고자 하는 노력, 원하는 것을 얻고자 하는 열망은 막힌 길도 뚫는다. 갈고 닦았던 실력을 발휘하게 한다. 지금도 그때를 생각하면 목표한 모든 것을 이룰 수 있을 것만 같다.

마을버스 탈취범을
검거하다

인생에는 뜻하지 않는 일이 벌어지기도 한다. 나에게는 옥수동 마을버스를 탈취한 범인을 검거했던 일이 그렇다. 정말 내 인생에서 가장 긴박한 사건이었다.

성동경찰서에서 의무경찰로 군 복무하던 때다. 자정이 넘어 파출소 직원과 함께 동네를 순찰하는데, 마을버스 한 대가 우리 앞을 쌩하니 가로질렀다. 마감이라 차고지로 들어가는 버스인가 했는데, 버스는 엉뚱하게도 아파트 쪽으로 향하고 있었고, 뭔가 초보가 운전하는 것처럼 차체가 덜컹거렸다. 본능적으로 이상한 느낌이 들었다. '음주운전인가?'

나와 경찰 직원은 순찰차를 몰고 마을버스를 세운 뒤 검문을 시도했지만, 운전자는 창문을 내리지도 않고 자꾸 딴짓을 했다.

너무 수상해서 나는 버스의 옆문을 밀고 들어갔다. 그런데 운전자가 갑자기 도주하는 게 아닌가! 이건 그냥 마을버스 탈취였다.

나는 재빨리 내려서 전력으로 마을버스 탈취범을 쫓았고, 격투 중에 탈취범이 허리춤에 차고 있던 칼을 꺼내려 해, 바로 팔을 꺾어 제압했다. 정말 몇 분 사이에 생사가 오락가락한 순간이었다. 탈취범을 파출소에 인계한 뒤, 나는 새벽 근무를 마치고 경찰서 내무반에 복귀했다. 뉴스에서나 볼 법한 일을 겪은 데다, 심지어 탈취범까지 제압하다니. 그저 '칼에 안 찔리고 내무반 침상에 누울 수 있어서 다행이다.' 생각하며 잠이 들었다.

며칠 후 경찰청에서 전화가 왔다. 마을버스 탈취 사건에 대해 확인할 게 있다고 해서 괜히 조마조마했다. '내가 과잉 대응했나? 범인이 많이 다쳤나?' 알고 보니, 범인은 전과 5범의 지명 수배자였고, 검거한 공로로 경찰청장 표창장을 수여한다는 소식이었다. 그날 잡은 탈취범은 강도, 강간, 살인미수를 저지른 자였다. 몸수색했을 때, 칼을 차고 있던 게 수상하더라니.

실제로 1991년, 스물세 명의 사상자를 냈던 '여의도광장 차량 질주 사건'이 떠올라, 필사적으로 저지한 것도 있었다. 그래도 군 복무 중에 일어난 사건이라 당연히 해야 할 일이라고 생각했는데, 표창장을 받아 기뻤다. 특히 군인에게는 휴가가 중요하지 않은가. 2박 3일의 특별휴가를 받아 부모님을 뵈러 갈 수 있어서 꿈만 같았다. 그리고 이 표창장은 취업 이력서까지 빛내주었다.

나를 가장
잘 아는 사람은 나

살다 보면 나의 앞날이 어떻게 전개될지 궁금할 때가 있다. 미래에 대한 상상은 나를 떨리게도 하고, 답답하게도 한다. 군 복무 중 진로에 대해 고민할 때, 휴가를 나왔다가 길에서 사주를 본 적이 있다. 흰머리에 한복을 입고 있는 그를 보자 뭔가 마음이 끌렸다. 생년월일을 말하자 그는 손가락을 접었다 폈다 하며 천간과 지간을 계산하고는 이렇게 이야기했다.

"경찰이나 교사, 교수, 공무원이 될 사주야."
"네? 선생님이나 공무원이요?"

임상병리학 공부를 계속할지, 다른 공부를 해볼지 고민이던 차에 교사나 공무원이라니. 교육학과도 행정학과도 아닌데 혼란스러웠다. 그래도 임상병리학을 전공해서 병원에서 일하는 것도 공무원 비슷하니 복학해야겠다고 생각했다.

좋은 인연을 만날 수 있을지도 궁금해서 물어보니, "복이 두 배로 많은 여자를 만날 거야."라며, 그는 포근하고 밝은 여성의 그림을 보여주었다. 그리고 몇 년 후 아내를 만났는데, 지금 생각해보면 그림 속 여성과 비슷한 것도 하다. 사주를 100% 믿는 건 아니지만, 이렇게 사주는 내 상황과 융합하기도 한다.

'사주'는 네 개의 기둥을 뜻한다. 삶을 건물로 비유하면, 이미 지어진 네 개의 기둥이 있는 건물에, 내가 원하는대로 인테리어한 집을 만드는 것과 같다. 나는 정해진 운명이 있다면, 그 안에서 내가 노력해서 펼쳐나갈 것은 무엇인지를 고민해보았다. 공무원 대신, 병원에서 일하기 위해 마음먹고 다시 임상병리학을 공부했다. 그리고 교사가 된다는 말에, 배우고 싶은 분야를 공부해 강의를 하게 되었다. 어쨌든, 타고난 운명을 잘 가꾸어 이룩한 셈이다. 긍정적인 자기암시, 신념을 갖는 건 이렇게 인생의 방향을 설정하는 데 도움이 된다.

책을 읽을 때도 그렇다. 자기 계발서든 인문학서든 내 상황에 맞게 재해석해야 한다. 사람마다 환경과 처한 상황이 다르기 때문이다. 지금도 책을 읽거나, 사주를 보면 '이번에는 어떤 단어가 나를 사로잡을까?' 기대하고, 그 단어를 '내 삶에 어떻게 적용할까?'를 고민한다. 그리고 그 고민은 나를 더 나은 곳으로 데려다줄 것이다.

유급생에서
장학생이 되기까지

　고3, 나는 연극영화과 입시를 준비했다. 고등학교 특별 활동 시간에 연극부로 활동한 것이 인연이 되어 지원한 학과였다. 그러나 입시에 실패하는 바람에, 재수해서 한 번 더 연극영화과에 도전할지, 점수에 맞춰 적당한 학과에 진학할지 고민이었다. 그러다가 외삼촌의 권유로 처음 들어보는 임상병리학과에 지원했고, 합격했다. 사실 임상병리학과가 무엇을 공부하는지도 몰랐는데, 해리슨 포드가 출연한 검사실이 나오는 영화의 포스터도 멋있어 보이고, 학과 홍보를 적극적으로 하는 선배들의 열정적인 모습에, 입학하면 왠지 잘해줄 것 같아 지원한 터였다.

　대학에 입학하고는 마냥 즐거웠다. 자유를 느끼며 MT에서 수백 명의 동기와 선배들 앞에서 춤을 추고 노래를 부르고, 댄스

동아리에 들어가 공연도 했다. 그리고 체육대회 응원단장을 맡기도 했다. 그러나 노는 데에만 적극적이었을까. 1학년이 끝나가는 학기에 받은 성적표는 처참했다. F 학점이 떠 있는 성적표에는 유급 통지서가 동봉되어 있었다.

한참을 망설이다가, 부모님께는 어차피 곧 입대도 해야 해서 말씀드리지 않았다. 전공도 적성에 맞는지 의문이라 이렇게 된 거 다시 내 적성을 찾아야지 싶었다. 그때 담당 교수님께서 나를 불렀다. 응원단장도 하고 학과 행사에서 적극적인 모습에 눈여겨보았는데, 학교를 그만둔다고 하니 부른 것이다. 나는 이런저런 사정을 말씀드리며, 전공이 적성에 맞지 않는 것 같다고 했더니 교수님은 일단 군대에 다녀와서 생각해보라며 휴학을 권하셨다. 그만두려고 등록금도 내지 않은 나에게 특별히 신경 써주시는 마음을 알 것도 같았다. 학과 행사에 적극적이니, 공부도 일단 제대로 해보면 잘할 수 있을 것 같았나 보다. 그렇게 나는 교수님의 조언대로 26개월 군 복무를 마친 뒤, 3년 만에 복학했다.

함께 복학한 동기들을 만나니 반가웠다. 그리고 나는 이전과 조금 달라져 있었다. 내가 선택한 학문을 진지하게 공부해보고 싶었다. 군대에서 만난 또래의 동기들과 다양한 전공에 대해 들다 보니, 병원에서 일하는 것도 좋을 것 같았고, 학과 선배들을 보아도 전문직으로서 전망 있어 보였다.

나는 다시 힘을 내어 학교생활을 시작했다. 마음먹고 공부해 보니, 임상병리학도 재미있는 분야였다. 1학년 때는 생소했던 내용이, 복학 후 다시 들으니 복습하듯 귀에 쏙쏙 들렸고, 무엇이든 반복하면 수월하다는 걸 알았다. 그렇게 한 학기를 보내니 자연스럽게 성적이 잘 나왔고, 장학금까지 받았다.

나는 부모님께 유급 통지서와 장학금 통지서를 함께 보여드렸다. 만감이 교차했다. 부모님도 좋아해야 할지 난감해하셨다. 결국 아버지는 나를 한 번 더 믿어주셨고, 나는 아르바이트한 돈으로 나를 잡아준 교수님께 셔츠를 선물했다. 그리고 반 대표를 맡아 봉사하는 마음으로 학교생활을 했다.

유급으로 학교를 1년 더 다녀보니 얻은 것도 있다. 많은 사람을 만나고, 더 깊이 사귀었으며, 교수님과 학생 사이에 문제가 생기면, 중재하기도 했다. 쉬는 시간에도 프린트를 복사하고, 프로젝터를 설치하는 모습을 본 교수님은 이렇게 말씀하셨다.

"봉재는 대기만성형 같다."

그때는 무슨 뜻인지 몰랐는데, 지금 생각해보면 머리가 뛰어나거나 특별한 재능은 없지만, 노력을 많이 하는 편이라서 언젠가는 성공할 거라고 하신 말씀 같다.

바로 좋은 결과가 나오지 않더라도 노력하면 이루어지는 법이다. 내가 가는 길이 당장은 맞지 않는 것 같아도 한 번쯤은 깊이 생각해보았으면 한다. 특히 누군가가 나에게 조언과 충고를 한다면 깊이 생각해보자. 누구나 실패할 수 있으며, 결국 실패는 전화위복이 되어 성공의 발판이 되어 줄 것이다. 어제 넘어진 일은 오늘 겪을 일의 연습이다. 그렇게 우리는 성장한다.

취업 경쟁률
100대 1을 넘어서

부모님은 나와 동생을 서울로 유학 보내고, 10년을 뒷바라지 하셨다. 졸업 학기가 되어, 동생이 농협에 취직하는 걸 보자, 조바심이 나며 나도 빨리 취직할 마음뿐이었다.

졸업을 앞두고 임상병리 국가 고시에 응시했다. 그러나 나는 한 과목에서 1점이 부족해 시험에서 떨어지고 말았다. 과락이었다. 평소 쉽게 생각한 과목이었는데 실수하는 바람에 1년에 한 번뿐인 시험에서 낙방한 것이다. 자식이 취업만 하면, 바로 고향으로 내려갈 생각뿐이던 부모님께 너무 죄송했다. 아버지는 종로 전자 상가에서 형광등을 배달 일을 하시다가 다리가 아파 일을 그만두셨고, 어머니는 파출부로 일하고 계신 터라 더욱 막막했다. 아무것도 하고 싶지 않았다.

대학을 졸업했지만, 면허가 없으니 원하는 곳으로는 취업할 수도 없고, 병원에서 아무 일이나 해보기에는 급여가 터무니없었다. 동네 신장내과에서 직원을 구한다는 말에 경험 삼아 일해 볼까 하다가도 다시 국가 고시를 준비해야 해서 시간이 아까웠다. 결국 나는 보건직 공무원에 도전해보기로 하고, 학원에 다니기 시작했다. 새벽 5시에 일어나서 6시에 집에서 나와 오전 내내 학원에서 수업을 듣고, 오후에는 도서관에서 수험서를 풀었다. 그냥 아무것도 안 하느니, 이렇게라도 하고 있다는 게 위안이 되었다. 다음 국가 고시까지 6개월, 나는 그 기간에 공무원 준비에 집중했다.

어머니가 싸준 김밥으로 하루 세 끼를 먹었다. 점심과 저녁은 어머니의 김밥으로, 아침은 김밥을 싸고 남은 꽁다리로 해결했다. 매일 김밥만 먹은 걸로 치면 기네스북에 오를 것이다. 국물이 먹고 싶으면 도서관 매점에서 컵라면이나 어묵 국물을 곁들였다. 그래도 시판용 김밥이었다면 못 버텼을 텐데, 어머니의 김밥은 고향에서 올라온 찰진 쌀에 우리 집 텃밭에서 기른 채소가 들어간 건강식이었다. 어머니의 사랑과 정성 덕분에 나는 그 긴 시간을 김밥만 먹어도 괜찮았다. 몇 달 동안 사람도 만나지 않고 학원과 도서관만 오가며 공부했다. 어차피 사람을 만나봤자, 나만 뒤처지는 것 같은 자격지심에 자신감은 바닥을 쳤다.

공무원 시험 준비를 반년 쯤 했을 때, 다시 임상병리 국가 고시를 준비해야 했다. 비록 준비하는 내용은 달랐지만, 공부하던 패턴이 있어서인지 준비가 수월했다. 오랜만에 보는 의학 용어였지만 '이 세상에 어떻게 쓰이는 학문일까?'라고 생각하며 공부하니 즐거웠다.

공부하며 유일하게 휴식과 위안을 얻는 곳은 도서관 서가였다. 내가 다닌 정독 도서관, 종로 도서관, 도봉 도서관 모두 서울에서 좋은 경치를 자랑하는 곳이기도 하다. 경치가 예뻐 잠시 쉬기도 하고 산책도 하며 마음을 다잡았다. 너무 지칠 때는 서가에서 자기 계발서나 위인전을 보며 원동력을 얻었다. 데일 카네기, 나폴레온 힐, 피터 드러커… 그들의 책을 보며 더 넓은 세상을 보고, 어떻게 효율적인 삶을 살지를 고민했다. 같은 시간 공부하더라도, 성과도 내고 의미도 찾고 싶었다.

그렇게 임상병리 국가 고시를 다시 보았다. 합격이었다. 그러나 기쁨도 잠시, 이번에는 취업을 준비해야 했다. 졸업생들과 경쟁하려니 작은 일자리도 치열했다.

문제는 2차 면접이었다. 면접관 앞에 서면 너무 떨려서 내가 하고 싶은 말을 조리 있게 하지 못했다. 성격을 바꾸지 않으면 취업은 어려울 것만 같았다. 졸업한 지 1년이나 되었는데 부모님께 용돈을 받아쓰기가 죄송해서 나는 동생에게 돈을 빌려달라고 했고, 동생은 고맙게도 300만 원짜리 마이너스 통장을 만들어 선뜻 건네주었다. 그 돈으로 차비와 식비, 면접을 준비했다.

일단 면접에 대한 책을 사서 스피치를 준비했다. 그리고 몇 번의 면접을 통해 자신감이 생겼다. 그때 나에게 운명의 전화가 한 통 걸려왔다. 과 선배였는데, 국립경찰병원에 채용 공고가 났다며 같이 원서를 내보자는 것이다. 현장 접수라 이미 병원에서 일하고 있던 선배가 같이 서류를 접수해달라며 부탁 겸 걸려온 전화였다. 나는 저녁 내내 정성스럽게 서류를 작성해서, 선배의 서류와 함께 제출했다. 경쟁률이 워낙 높은 곳이었지만, 기회라는 생각이 들었다. 그리고 한 달 후 1차 서류 합격 통보를 받았고, 2차 면접 일정이 잡혔다. 혼자 거울을 보며 연습도 하고, 현실감을 더하기 위해 아는 분에게 수고비를 드리면서 면접관 역할을 부탁해 시뮬레이션하기까지 했다. 정말 들어간 시간과 돈이 아까워서라도 면접을 잘 보고 싶었다. '연습은 실전처럼, 실전은 연습처럼'이라는 말을 가슴에 새기며 철저하게 준비했다. 몸도 관리했다. 외부 모임을 줄이고, 스트레칭을 하며, 코 팩에 마스크 팩까지… 그만큼 합격이 절실했다.

국립경찰병원 면접은, 사흘에 걸쳐 하루에 70명씩 면접을 치르는, 대규모 면접이었고, 나는 190번째 지원자였다. 임상병리학과를 졸업한 200여 명의 1차 합격자 중 세 명을 뽑는다니… 면접관의 노고가 눈에 선했지만, 그럼에도 불구하고 나는 190번, 내 번호를 각인시켜야 했다. 면접 예상 질문지를 보며 준비하는 동안, 내정자가 있다는 소문이 들려왔다. 대학 병원이야 인턴으로 몇 년 근무하다가 정직원으로 채용하는 시스템이라지만, 국립 병원도 그럴까. 혹시 내가 들러리가 되는 건 아닐까… 마음이 흔들렸다. 그래도 이왕 준비하는 것이니 내 기량을 분출하고 싶었다. 합격 여부를 떠나 그간 내 노력이 헛되지 않았음을 증명하고, 어느 정도 성장했는지 확인하고 싶었다. 욕심을 내려놓고 결과를 하늘에 맡겨보자는 심정이었다.

드디어 경찰청으로 면접을 보러 가는 날이 되었다. 사실 경찰청은 내게 친근한 곳이었다. 의무경찰로 군 복무할 때 경찰청 경비도 서고, 늘 경찰 버스를 주차하고 대기하던 곳이기 때문이다. 30분 정도 일찍 도착해 경찰청의 돌담길을 걸으며 지난날을 회상했다. 종로와 대학로에서 데모를 진압하던 일, 부상으로 경찰병원에 입원했던 일 등이 눈앞에 스쳤다. 경찰병원에 입원했을 때 '아… 여기에서 근무하면 얼마나 좋을까?' 생각했다. 내가 치료받은 곳에서 일하기 위해 면접을 볼 기회를 얻은 것 자체가 감사했다. 그때 받은 도움을 나도 갚을 수 있을까?

면접 대기실에 들어서자 실감이 났다. 대기석에 앉아 '나는 지금까지 어떤 삶을 살았나? 나는 어떤 이야기를 할 것인가?' 고민했다. 다만 이전 면접과 다른 건, 걱정보다는 내가 할 수 있는 이야기가 많을 것 같다는 느낌이었다.

면접장에는 2인 1조로 들어갔고, 세 명의 면접관 앞에는 백과사전 두께의 질문지가 있었다. 몇백 페이지의 질문지 중에서 내가 받게 될 질문은 무엇일까? 몇 개의 질문에 차분히 대답하고, 또 다른 질문이 옆 지원자에게 이어졌다.

"지금 병원에서 일하고 있나요?"
"네."
"어떤 분야의 검사를 하고 있나요?"
"특수 검사 분야에서 TCD(뇌혈류 검사)를 하고 있습니다."
"그럼 TCD에 대해 설명해보세요."
"네? 음….'

옆 지원자는 당황했는지 머뭇거리다가 대답하지 못했다. 그리고 그 질문은 나에게 되돌아왔다.

"옆에 지원자가 대신 대답해보시겠어요?"

"네. TCD 검사는 도플러 효과를 이용하여 뇌혈관 속의 혈류 순환 관계를 측정하는 비침습적 초음파 검사입니다."

일단 검사를 한마디로 정의하고, 원리와 임상적 의의, 검사 과정을 눈앞에서 보듯 또박또박 설명했다. 사실 TCD 검사는 학교에서 배운 적이 없지만, 실습 때 잠깐 본 적도 있고, 예전에 할아버지께서 뇌졸중을 앓아서 관심 있던 분야이기도 했다. 졸업 후 TCD 검사를 하고 있는 선배를 찾아가 자세한 설명도 들은 터였다. 물론, 그땐 이렇게 면접 때 유용하게 쓰일 정보인지는 정말 몰랐다. 스스로 만족스럽게 답을 했다는 생각이 드니, 추가 질문에도 자연스럽게 답이 나왔다. 그간 막혔던 말문이 이제야 터진 것 같았다. 면접이 끝나고 같이 면접을 본 지원자가 내게 말을 꺼냈다.

"대답을 잘하시네요. 합격하실 것 같아요. 축하드려요."

합격자 발표가 난 건 아니지만, 내 안에 담아두었던 무언가를 속 시원히 꺼낸 것만 같아 후련했다. 달리기 선수가 결승선 통과 후 경기장 트랙에 누웠을 때 이런 느낌일까. 긴장이 풀린 채 집으로 오는 길, 눈앞에 보이는 분식집에서 김밥을 한 줄 사먹었다. 공무원 시험을 준비할 때 먹었던 어머니의 김밥이 생각나서, 왈칵 눈물이 났다. 지금까지 준비한 모든 것이 눈물에 씻겨 내려가는 것만 같았다.

김밥을 먹고, 부모님께 면접을 잘 봤다고 말씀드린 뒤 결과에 연연하지 않기로 마음먹었다. 그리고 합격 발표 며칠 전, 꿈을 꾸었다. 돌아가신 할아버지가 나를 보고 흐뭇하게 웃고 계시고, 동네 입구에 '축 합격'이라는 플래카드가 걸린 꿈이었다.

합격자 발표 날이 왔다. 취직 준비에 신경을 많이 써서인지 코가 막혀서 이비인후과에 들렀다가 버스를 타고 집에 가는데, 후배에게 전화가 왔다.

"형! 합격자 명단에 형 이름이 있어요! 축하드려요."

그 말에 드디어 해야 할 일을 다한 것 같았다. 눈물이 벅차올라 이비인후과에서 뚫어놓은 코가 다시 막힐 지경이었다. 명단을 여러 번 확인해도 믿기지 않았다. 아버지는 아들이 면접에 떨어져 상심할까 봐 고향에 내려가 계신 상태였다. 나는 버스에서 내려 부모님께 합격 소식을 알렸다.

취업과 동시에 아버지는 내 자취방을 알아봐주시고, 어머니와 짐을 싸서 고향으로 내려가셨다. 10년간 살던 수유동 반지

하 전세방과의 이별이었다. 첫 월급으로 동생에게 빌린 돈도 갚 았다. 그렇게 서울에 올라와 대학을 마칠 때까지의 무게를 덜었 다. 나에게 취업은 부모님의 은혜에 대한 보답이며, 다양한 경험 이 녹아난 결과물이었다. 첫 전공 시험에 낙방해 1년을 더 공부 한 것, 공무원 시험을 준비하며 공부에 대한 스킬을 익힌 것, 면 접을 준비하며 나를 시험해본 것 그 모든 게 녹아들어 있었다. 누구보다 절박했기에 열심히 준비했고, 부모님께 세상의 첫발을 보여드릴 수 있어 기뻤다. 아마 취업 준비하던 기간은 내 인생을 통틀어 나 자신을 가장 깊이 들여다보던 때가 아니었나 싶다.

취업 준비도 연애와 같다. 직장과 나의 스토리가 있어야 한다. 좋아하는 사람을 만날 때 '이 사람은 무엇을 좋아할까?'를 생각 하는 것처럼, 이 회사는 무엇을 좋아할지를 살펴야, 그 회사에 필요한 사람이 된다. 우리는 그렇게 만났다.

존경하는 분의 한마디

임상병리 업무는 정확성이 제일 중요하다. 오차가 있으면 검사 결과가 달라지기 때문이다. 우리는 늘 오차를 줄이기 위해 노력한다. 정확한 값을 얻기 위해 확인에 확인을 더하고, 어디까지 맞춰야 할지 모를 정도로 심혈을 기울인다. '이만큼이면 될까? 혹시 오차가 있을지 모르니 더 확인해볼까?' 하는 마음이 계속된다.

희석배수를 검증하는 날이었다. 희석배수 검증이란, 물질의 농도 값을 10배, 100배 희석해서 검사하고, 그 수치가 일치하는지를 확인하는 일이다. 증류수를 정확하게 섞은 다음, 희석배수를 곱해 처음의 값이 나와야 한다. 약간의 오차가 있을 수는 있지만, 최대한 일치해야 한다.

물질을 희석하고 장비로 검사하니 한 치의 벗어남도 없이 일직선을 가리켰다. '당연히 이 정도는 나와야지.' 싶었지만, 다시 의심이 들었다. '이게 맞나?'

그때 내가 존경하는 선생님이 "이 정도면 잘 맞는 데이터다. 대단한데!"라며 칭찬해주셨다. 더 잘하고 싶고, 더 정확히 맞추고 싶은 마음을 보상받는 순간이었다. 나를 평가하는데 인색했던 마음이 사라지고, 자신감이 생겼다. 지금도 일에 정확성을 기해야 할 때면 그 순간이 생각난다. 존경하는 분의 칭찬 한 마디로 나는 일에 대한 원동력을 얻었다.

나는 친절 병리사

직장 생활을 하면 사람과의 소통이 얼마나 중요한지 실감하게 된다. 나도 그랬다. 그렇게 소망하던 직장에 들어와 일하면서도, 함께 일하는 사람들과 소통이 되지 않을 때는 회의감이 들었다. 그래서 소통에 대해서는 지금도 꾸준히 공부하고 있다.

경찰병원에서 일할 때, 응급실에서 가져오는 검체를 빨리 검사해달라는 주문도 받고, 검체량이 부족한데도 어떻게든 결과를 내달라는 주문도 받아보았다. 어떨 때는, 검체에 붙어 있어야 할 라벨이 없거나 바뀌어 오기도 했다. 이러면 바코드가 찍히지 않거나, 검체가 바뀔 수도 있어 난감했다.

특히, 응급실과 중환자실의 검체가 비슷한 때에 들어오면, 어떤 검사부터 해야 할지 고민이었고, 급히 수혈이 필요한 환자를 위해 혈액 검사를 할 때면 예민해지기도 했다.

생사를 다투는 일을 하는 병원 일의 특성상, 일터는 흡사 전쟁터를 방불케 한다. 그리고 이런 상황에서는 가끔 서로 기분이 상하는 일도 생긴다. 인간이 하는 일이기 때문이다. 모두가 민감한 상태라 말 한마디에 쌓였던 감정이 터지고, 상황이 꼬이고, 언성이 높아졌다. 그러던 어느 날, 당직실에 앉아 곰곰이 생각해보니, 감정적인 문제로 일 처리도 더뎌지고, 분쟁이 생기는 것 같았다. 그래서 '나를 낮춰보자. 그리고 그 직원이 얼마나 다급한 상황이었을지 생각해보자.' 하며 입장을 헤아려보았다.

상대의 입장을 조금 더 생각해보니, 이해되었다. 힘들 때일수록 이해하고, 모두 환자를 위한 일이니 너무 감정적으로 대처하지 말자고 마음먹게 되었다. 그러자 각자의 자리에서 최선을 다하는 모두가 존경스럽게 느껴졌다. '다들 이렇게 열심히 뛰어다니는데, 나도 더 정확하고 빠르게 결과를 보내자.'라는 마음도 생겼다. 그날 이후 달라진 게 있다. 일의 성과는 동일했지만, '보람'이라는 새로운 의미가 추가되었다. 전에는 정확하고 빨리 결과를 내는 데에 치중했다면, 그날 이후로는 정확하고 빠른 검사 결과는 물론이고, 내게 오는 직원이 지쳐 보일 때는 다독일 수 있는 여유도 생겼다.

사실 직원도 '내부 고객'이다. 함께 일하는 직원이므로, 친절해야 한다. 예민하게 대처하며 화를 내는 직원을 만나면 '지금 이분이 몹시 어려운 상황에 부닥쳤구나.' 하고 생각하며, 도울 방법을 생각하면 된다. 그러고 나니, 몇 달 뒤 나는 '친절 병리사'라는 별명이 붙었다. 특별히 친목을 다진 적도 없건만, 그저 상황을 배려한 것이 와닿았던 걸까.

보이지 않는 것을 보기까지는 시간이 걸린다. 그러나 일단 보이면, 보람이 느껴지고, 함께 일하는 사람과의 연대감도 느껴지는 법이다. 월급을 더 받는 것도, 일이 줄어든 것도 아니지만 소통을 한다는 건, 그 이상의 가치가 있다.

죽고 싶지만
책은 써보고 싶어

　평범한 것 같은 삶에 혹독한 시련이 찾아왔다. 40대가 되면 안정된 생활을 할 줄 알았는데, 남은 건 집을 담보로 한 대출금과 다람쥐 쳇바퀴 돌듯 돌아가는 삶이었다.

　계약 해지에 관련한 소송에 휘말렸다. 몇 달간 시달리며 잠을 못 자니, 몸이 아파왔다. 소송비보다 병원비와 약값이 더 들었다. 그동안 잘해오던 일도 '잘못되면 어쩌지?' 하는 두려움에 하지 못하고, 전화벨 소리만 들어도 '안 좋은 소식이면 어쩌지?' 싶은 생각이 먼저 들 정도였다. 게다가 운이 안 좋은지 교통사고도 날 뻔했다. 뭔가 자꾸 어긋나는 느낌이었다.

　소송으로 빚이 늘어 카드 돌려막기로 몇 달을 버텼지만, 그마저 한계에 부딪혔다. 연체 기록이 있으니 연금 담보 대출도 받을 수 없었다. 급한 대로 아내가 현금 서비스를 받아 일을 해결하고, 처음으로 부모님께 도움을 요청했다. 결혼할 때 도움을 주시고는 처음이었다. 부모님께 용돈을 드려도 모자란데, 손을 벌리는 자식이라니. 이 모든 상황이 죄송했지만, 체면을 차릴 때가 아니었다. 다 그만두고 고향에나 내려갈까 싶어도 아이가 셋이나 있는데 그럴 수도 없었다. 아내와 아이를 생각하며 그 시간을 버텼다.

그때 백세희 작가의 《죽고 싶지만 떡볶이는 먹고 싶어》라는 책을 읽었다. 전에는 떡볶이가 뭐라고 먹고 싶나 했는데, 고난을 겪어보니 죽고 싶어도 아쉬움이 남는 게 삶이었다. 나도 삶에 대한 미련이 있었다. 세 살 난 둘째 아이가 꺼내든 《해리포터》도 읽었다. 이혼하고 생활고 속에서도 꿋꿋이 글을 쓴 저자 조앤 롤링의 삶에 대해서도 생각해보았다. 기초생활 수급을 받으면서도 카페에서 글을 썼던 롤링. 나도 여기서 멈출 수는 없었다.

책을 써봐야지 했던 건 10년 전부터였다. 습작도 하고 글쓰기 강의를 들으며 내용도 구상해봤지만 결과물은 좀처럼 나오지 않았다. 내 능력 밖의 일로 느껴지고, 막상 쓰면 부끄러웠다. 그때 쓴 습작은 10년이 넘도록 컴퓨터 드라이브의 한 구석에 잠들어 있다. 그래도 이번만큼은 꼭 쓰고 싶은 절박함이 있었다. 현실에 밀려 작아지기만 했던 내 작은 바람을 꼭 실현하리라 마음먹었다.

《죽고 싶지만 떡볶이는 먹고 싶어》와 조앤 롤링의 이야기는 내 삶에 쏙 들어왔다. 매일, 출근 전에 동네 카페에 들러 글을 쓰고, 점심시간에도 글을 썼다. 밥은 있으면 먹고 없으면 말았다. 그때는 글을 한 줄이라도 더 쓰는 게 밥 한 공기를 먹는 것보다 중요했다. 취업을 준비할 때의 절박함이 다시 한 번 느껴졌다. 부모님의 기대에 부응하기 위해 배수의 진을 치고 취업을 준비했던 것과 비슷한 상황이었다. 다만 이제는 그 기대의 주체가 나 자신이었다. 그 누구도 아닌, 내가 이루고 싶은 꿈이었다.

이외수 작가는 집 안에 철창을 치고 교도소처럼 생활하며 《벽오금학도》를 썼다. 나는 굳이 창살을 만들지 않아도, 현실 자체가 벗어나야 하는 교도소였다. 카페에서 조앤 롤링처럼 인생의 바닥에서 절박함을 갖고 글을 썼다. 만약 누군가 지금 내 글을 읽고 있다면 꿈을 이룬 것일 테고, 아니라면 다시 내 글은 컴퓨터 드라이브의 한 구석에 잠들어 있을 것이다.

인생에서 가장 큰 고통을 느낄 때, 비로소 내가 진짜로 하고 싶은 게 무엇인지, 나에게 소중한 사람은 누구인지 알 수 있다. 나는 사람들에게 삶의 위안과 영감, 희망을 주는 사람이 되고 싶었다.

40대 중반, 어려움을 통해 겸손해지고 다듬어지며 나의 쓰임새를 알게 되었다. 겪지 않아도 될 일을 겪었다고 해서 절망할 것 없다. 지금 한 번 넘어진 것뿐이라고 여기며, 삶을 보존해야 한다. 나는 힘든 상황을 겪었기에, 하고 싶은 일에 대한 열정과 강인함을 배웠다. 인생에서 무가치한 일은 아무것도 없다.

멀고도 가까운 보건소, 그 현장 속으로

요람에서 무덤까지,
무료로 이용하기에는
미안한 서비스

늘 가까이 있어 소중함을 모르는 것이 있다. 동네에 그늘을 드리워주는 나무만 봐도 그렇다. 그늘에서 쉬고, 피톤치드 가득한 좋은 공기를 마시면서도 사람들은 나무에 무심하다.

보건소도 그런 존재이다. 질병 예방 서비스를 통해 많은 혜택을 받고 있지만, 사람들은 그 고마움을 알지 못한다. 그리고 무심하게 지나치며 이용할 수 있는 서비스도 이용하지 않는다. 보건소의 서비스가 많이 활용되지 못해 개인적으로는 아쉽다.

보건소는 아이를 갖기 위한 준비부터 출산까지, 태어나서 죽을 때까지의 생애 관리를 받을 수 있다. 치매, 당뇨, 혈압과 같은 만성질환의 예방과 관리도 가능하다. 물론, 병원에 가면 더 전문적인 케어를 받을 수 있지만, 중증이 아닌 관리와 예방 차원이라면 경제적 부담이 없는 보건소 서비스만으로도 충분하다.

임신·출산을 위한 검사는 건강보험공단에서 제공하는 검사보다 항목이 다양하다. 특히 혈액 검사로는 임신성 당뇨, 빈혈, 풍진, B형 간염 등 종합검진에 버금가는 항목의 검사를 받을 수 있으며, 필요에 따라 철분제와 엽산도 받을 수 있다. 또한 산모를 위한 육아 교실, 모유 수유 교실 등이 운영되며 유축기 대여 등도 가능하다.

생후 필수 예방접종을 관리받을 수도 있다. 전산 시스템이 잘 되어 있어 보건소에 아이의 정보를 등록해두면, 접종 시기에 맞춰 알람이 가고, 접종 여부를 파악할 수 있으며, 추후 외국에 나갈 때 필요한 예방접종 증명서도 쉽게 발급받을 수 있다.

희귀질환 의료 지원 사업도 활발하다. 희귀질환은 진단과 치료가 어렵고, 치료 시 현실적으로 보험 혜택을 받기도 쉽지 않아 개인의 경제적 부담이 과중하다. 그래서 보건소에서는 생활 소득과 여건에 따라 의료비를 지원하는 사업을 하고 있다. 그 외에 거동이 불편한 노인이나 장애인을 위한 방문 보건과 치매 관리도 이루어진다.

보건소 서비스는 대부분 무료이거나 저렴한 비용으로 이용할 수 있다. 물론 하늘에서 뚝 떨어진 자금으로 운용하는 건 아니다. 모두 국민이 낸 세금으로 운영되고 지원하는 사업이다. 그러므로 많은 사람이 보건소 혜택을 알고 건강한 삶을 누렸으면 한다. 사람이 건강해야 사회도 건강해지는 법이기 때문이다.

보건소 검사 결과를
믿을 수 있을까?

보건소에서 받은 검사 결과는 과연 믿을 만할까? 대학에서 보건 분야를 공부하면서도 가끔 궁금했다. 병원에서의 검사와 무엇이 다르고, 결과는 얼마나 차이가 있을까?

임상병리학을 전공하는 학생은 대학 졸업 전에 병원에서 실습한다. 바로 인턴 과정을 밟는 것이다. 나는 국내에서 세 손가락에 드는 병원인 삼성서울병원에서 두 달간 실습했다. 그곳의 검사실은 대형 공장처럼 돌아갔다. 크고 좋은 검사 장비를 두 대씩 들여놓고 한쪽에 이상이 생기면 다른 한쪽에서 검사를 했다. 최첨단의 검사 장비를 눈앞에서 보고 만져볼 기회였다. 첫 직장인 국립경찰병원도 비슷했다. 삼성서울병원보다 규모는 작지만 좋은 장비가 잘 세팅되어 있고, 매일 고려청자 모시듯 꼼꼼하게 관리하고 있었다. 나는 그곳에서 매일 정확하게 데이터를 맞추고, 인증 기간이 되면 까다로운 절차 때문에 밤새 일하고는 했다.

그렇게 일하다가 보건소에 왔다. 보건소에 왔을 때는 검사 장비가 대형 병원이나 국립 병원보다는 못하겠지 했다. 그러나 직접 검사실을 보고는 깜짝 놀라고 말았다. 대형 병원에서 사용하던 급의 검사 장비가 정확하게 세팅되어 있었기 때문이다. 반가우면서도 검사 건수가 많지 않은데 과한 것 아닌가 싶기도 했다.

보건소의 장비가 좋은 이유는 따로 있다. 모두 국가 예산으로 진행하기 때문이다. 사용 가능 연한이 10년으로 표기된 제품은 10년 이상 사용하도록 예산이 짜여 있다. 그러므로 병원보다 검사 건수는 적더라도 10년간 안정적으로 정확한 결과를 얻기 위해서는 좋은 장비를 사용해야 한다. 또한, 보건소는 현실적으로 임상병리사 한 명이 여러 가지 검사를 진행하므로 장비가 좋아야 검사가 매끄럽다. 장비가 고장나버리면 검사 일정에 차질이 생긴다. 보건소마다 다르지만, 지방의 중소 도시에 있는 보건소의 경우, 장비가 고장나면 A/S를 맡겨도 며칠이 걸린다. 이런 현실적인 이유로 보건소의 검사 장비는 적어도 중급 이상을 사용한다.

그리고 장비의 질 자체가 좋아져 정확도가 높아졌다. 옛날에는 손으로 일일이 검사를 했다. 눈으로 직접 수치를 보고, 1번 시약을 조제해 검체에 넣고, 일정 시간 뒤에 2번 시약을 넣어 결과치를 측정했다. 그리고 그 값을 장부에 직접 옮겨 적었다. 오류가 많았을 것이다. 그러나 지금은 장비만 좋으면 정확한 결과를 얻을 수 있다. 물론, 장비를 잘 관리하는 건 사람의 일이지만 말이다.

또한, 보건소에서 일하는 임상병리사 대부분 직업적 소명의식을 갖고 있다. 나와 함께 일하는 직원은 종합병원에서 일했던 베테랑이며, 우리는 숙련된 임상병리사이다. 이런 둘이 한 번 더 교차 확인하며 늘 결과의 정확도를 높이기 위해 노력한다.

무료거나 저렴한 서비스를 제공하는 보건소이니, 병원보다 정확도가 떨어지지 않을까 하는 걱정은 하지 말자. 모두 정확한 결과를 위해 최선을 다하고 있다.

보건소의 조직도를 보면
세상이 보인다

병원과 보건소는 같은 일을 하는 것 같지만, 방향이 다르다. 병원이 개인의 건강을 위한 곳이라면, 보건소는 지역 주민, 다수의 건강을 위한 곳이다.

'내과, 외과, 치과, 진단검사의학과, 영상의학과' 등으로 분류된 병원 조직에 있다가, '보건행정팀, 예방의약팀, 건강증진팀, 지역보건팀, 방문보건팀'으로 구성된 보건소 조직으로 왔을 때 무척 생소했다. 이후, 예방의약팀은 '감염병관리팀'과 '의약팀'으로, 지역보건팀은 '생명사랑팀'으로 바뀌고, '치매관리팀'과 '환경성질환예방팀'이 신설되었다. 물론, 지역의 특성에 따라 조직도가 조금 다를 수 있다.

나는 이 중에 임상병리 검사실이 속해 있는 예방의약팀에서 근무하게 되었다. 예방의학팀에 있다 보니, 팀 이름에 걸맞게 모든 질병에는 예방이 가장 중요하다는 생각이 들었다. 병원에서 일찍 검사해 병을 발견해 조기에 치료하는 것도 중요하지만, 아프기 전에 미리 막으면 효과적일 것이다. 그래서 우리 예방의약팀은 질병의 예방을 위해, 예방접종의 필요성을 알리고, 질병에 관한 교육과 홍보를 하며, 감염병이 확산하기 전에 그 원인을 밝히고 차단하는 일을 한다.

건강증진팀은 개인의 건강 상태를 체크하고 건강을 증진시키는 일을 한다. 모자 건강을 위해 소득을 따져 식자재를 제공하는 사업을 하는 곳도 있고, 금연센터 등을 운영하는 곳도 있다. 방문보건팀은 보건소나 병원에서 의료 혜택을 받기 어려운 지역에 있는 주민을 찾아가는 보건 서비스를 제공한다. 요즘에는 도로 교통 상황이 좋아졌다고 하나, 일부 중소 도시에서는 여전히 필요한 서비스이며, 거동이 불편한 사람을 위해 꼭 필요한 사업이기도 하다.

그 외에 치매관리팀은 치매의 인식을 개선하고 치매 당사자뿐 아니라 치매 가족을 지원하는 사업을 하며, 환경성질환예방팀은 아토피와 천식 안심 기관 등을 운영하고 있다. 또한, 생명사랑팀은 지역 보건을 위한 팀으로 각 지역의 특성을 살려 운영되며, 지역 보건 사업을 계획하고 성과를 체크하는 일을 한다.

보건소의 사업은 각 지역의 특색이 묻어나 있다. 그러므로 홈페이지를 열어 조직도를 보는 것만으로도 내가 사는 지역을 이해하는 데 도움이 된다.

생각보다 알찬
보건소 홈페이지

지역마다 보건소와 보건지소, 보건진료소 등이 있지만, 실제로 어떤 서비스를 받을 수 있는지 아는 사람은 없다. 일부러 찾아가보지 않는 한 알기로 어려운 게 현실이기도 하다.

나는 컴퓨터와 스마트폰을 이용해 보건소를 탐방해보기를 권한다. 인터넷의 발달로 직접 가보지 않아도 훤히 볼 수 있는 시대이다. 이렇게만 해도 필요한 서비스를 발견할 수 있다.

일단 거주하는 지역의 보건소를 검색해보자. 지역 보건소마다 시설이나 여건이 다를 수 있으니 사는 지역의 보건소 홈페이지를 방문하는 게 좋다.

제일 먼저 보이는 건 보건소장의 인사말일 것이다. 우리 지역의 보건 환경을 이끌어갈 사람의 야심 찬 포부를 읽어보자. 사진이 첨부해 있으면 인상도 살피자. 포근해 보이는가? 일을 열심히 할 것 같은가? 주민들의 의견을 많이 들어줄 것 같은가? 보건소도 조직이라서, 보건소장의 목표와 방향에 따라 분위기도 다르다.

다음은 조직 소개이다. 표를 보면 우리 동네의 보건소는 전체적으로 어떤 사업을 하고, 받을 수 있는 서비스가 무엇인지를 파악할 수 있다. 사는 곳 가까이에 보건지소나 보건진료소가 있다면 꼼꼼히 봐두는 것도 좋다. 보건소까지 가지 않아도 해결할 수 있는 일이 많다. 보건증이나 건강진단서와 같은 증명서를 발급받거나 예방접종, 간단한 진료를 받을 수도 있다. 그리고 궁금한 사항이 있으면 보건소 대표전화로 하기보다, 조직도에서 담당 부서를 확인하고 연락하면 빠르게 안내받을 수 있다.

진료 영역을 살펴보는 것도 합리적이다. 지역마다 진료 규모와 여건은 다르지만, 생각보다 받을 수 있는 검사 항목이 많아 놀랄지 모르겠다. 예전에는 혈당이나 고지혈증과 같은 만성질환 검사 위주였다면 지금은 암 표지자 검사와 갑상선 기능 검사도 대부분 가능하다. 그 외에 치료비 지원이나 의료기기 지원에 관련한 각종 서식과 필요 서류 안내가 있으니 유용하게 사용하길 바란다.

거주하는 지역의 의료 기관과 약국 현황도 체크하자. 별거 아닌 것 같아도, 갑자기 아프거나 위급할 때 쓸모가 있다. 특히 주말이나 공휴일에도 이용할 수 있는 병원과 약국을 알아두면 요긴하다.

이 외에 응급실 이용 대불 제도와 같은 팁도 있으며, 공지사항란에는 보건소 행사나 필요 정보가 업데이트된다. 이슈가 되는 감염병과 대응법도 올라오니 확인하자. 가짜 뉴스나 SNS보다 공식적으로 믿을 만한 자료이다.

보건소에서 일하려면
어떻게 해야 할까?

보건소에도 다양한 직종의 사람들이 일한다. 행정직, 보건직, 의료기술직, 간호직, 식품위생직, 사회복지직, 시설관리직, 운전직 등의 여러 분야의 전문가가 협업하는 것이다.

행정직 공무원은 많지만, 사실 보건소에서 일하는 행정직 공무원은 많지 않다. 그리고 의료기술직에는 임상병리사, 방사선사, 물리치료사, 치위생사 등이 근무하며, 각 분야의 전문가가 보건소에서 수준 높은 민원 서비스를 제공한다. 물론, 가장 많은 직종은 보건직이다. 보건위생, 보건 행정을 담당하며 지금은 보건직과 의료기술직으로 나뉘었다. 간호직도 많다. 병원에도 간호사는 3교대를 할 정도로 업무량이 많은데, 보건소에서 일하는 간호직도 본래 업무 외에 행정 업무도 많이 하는 편이다. 식품위생직은 위생 점검이나 영양 사업을 담당한다. 식당과 급식 시설이 많아 꼭 필요한 분야이다. 최근에는 상담 업무의 필요성이 많아져 사회복지사도 많다. 정신건강복지센터와 치매 업무 등을 주로 맡는다. 운전직은 구급차를 운전하거나, 보건소 차량을 관리한다. 몸이 불편한 분들을 찾아가는 서비스가 많아 꼭 필요한 직종이다. 시설관리직은 보건소를 여름이면 시원하게, 겨울에는 따뜻하게 관리한다. 보건소는 노인이나 어린아이가 방문하는 곳인데다 예방접종을 하느라 팔을 내놓고 있으면 더욱 춥게 느껴진다. 게다가 보건소 외에 보건센터, 진료소 등이 있어 의외로 시설관리인들은 바쁘다.

보건소에서는 전공을 살려 전문가로서의 일도 하지만, 전혀 다른 업무를 맡기도 한다. 나도 임상병리사이지만 전쟁 대비 충무 계획, 재난 대비 응급 의료, 소독 의무 대상 시설 관리, 에이즈 관리 등의 업무를 병행하고 있다.

그렇다면 어떻게 보건소에서 근무하는 공무원이 될 수 있을까? 나도 취업을 준비할 때는, 보건소를 특별한 사람만 들어가는 곳으로 여겼다. 그러나 방법은 있다.

공무원은 크게 국가직과 지방직으로 나뉜다. 국가직은 전국에서 지원자가 모이는 만큼 경쟁이 치열하지만, 지방직은 해당 지역에 거주하는 사람만 응시할 수 있고(단, 지방직 중 서울시에는 모두 응시할 수 있다), 거주하는 사람이라고 해도 중앙직이나 서울시 지방직에 합격하면 그쪽으로 나가므로, 경쟁이 덜 한 편이다. 또한, 준비하는 분야에 따라서도 시험 자격이나 과목이 비슷하면 중앙직, 서울시 지방직, 거주 지역 지방직 총 세 번의 시험을 볼 수 있다. 눈치껏 주소지를 옮겨 시험 기회를 더 얻는 사람도 있다.

공무원 시험을 보기 위해서는 공무원 채용 공고를 확인하고 1차 필기, 2차 면접에 합격해야 한다. 그러므로 어디에서 얼마나 인력을 뽑는지를 알아야 한다. 채용 공고는 나라일터 홈페이지 (www.gojobs.go.kr)를 확인하면 한눈에 볼 수 있다. 보건소뿐만 아니라 다양한 분야의 채용 소식이 올라오니 유심히 보길 바란다. 지난 채용 공고도 살펴보면 도움이 된다. 이전에는 어느 분야에서 몇 명을 뽑았는지 살펴 패턴을 분석해보는 것이다. 광역 지자체의 홈페이지도 참고하자. 본인이 거주하는 해당 시도 홈페이지의 고시공고란을 열어 체크하면 된다.

공무원은 국가에서, 우리 몸의 혈액과 같은 존재다. 적혈구처럼 사회 곳곳에 신선한 산소를 공급하고, 백혈구처럼 사회를 보호하며, 혈소판처럼 상처가 난 부분을 빠르게 막아주기도 한다. 혈장에 있는 각종 면역 성분처럼 국민을 돕고 보호한다.

공무원을 준비하는 사람은 국민에게 봉사하는 마음을 가져야 한다. 면접 때도 마음가짐을 본다. 필기시험에 합격하는 것도 중요하지만, 왜 공무원의 길을 가려는 지에 대한 목적이 분명해야 한다. 비상시, 시민들은 안전한 곳으로 이동하지만, 공무원은 집에 있다가도 근무 위치로 나와야 한다. 폭우가 오면 사람들은 안전한 집이나 대피소에 있지만, 공무원은 상황실로 뛰어간다. 감염병이 발생해도 마찬가지이다. 사람들은 안전한 곳에 머물지만, 공무원은 각자의 자리에서 맡은 바를 다해야 한다. 사명감이 필요한 일이다. 내 안위를 최우선으로 여기면 할 수 없는 일이다.

이런 확신만 있으면 3년 정도의 기간을 잡고 도전해보자. 빠르면 1년, 몰입해 준비하면 3년 이내에 가능하다. 물론, 직장에 다니며 틈틈이 준비해 5년 만에 들어온 직원도 있었다.

공무원을 준비하는 사람은 보통 인터넷 강의를 듣거나 학원에 다닌다. 요즘에는 인터넷 강의를 많이 듣지만, 나는 시작할 때 몇 달 정도는 학원에 다녀보기를 추천한다. 분위기를 알아야 하기 때문이다. 많은 사람이 얼마나 열심히 공부하는지를 보는 것도 자극이 된다. 그렇게 몇 달 동안 학원을 다니며 열망을 느꼈다면, 이제 혼자 수험서를 보며 집중할 차례이다. 나에게 맞는 장소를 찾아 공부하자.

그렇다면 공무원은 언제 도전하는 것이 좋을까? 학교 졸업할 시기에 준비하면 좋을지, 직장에 다니다가 준비하는 게 좋을지 후배들이 자주 하는 질문이다. 사실 공부하기에는 학교를 졸업할 시기에 맞추는 게 유리하다. 그러나 사회에서 다양한 경험을 해보고 오는 것도 조직의 발전을 위해 좋다. 예를 들어, 졸업하자마자 보건소에 들어와서 일하면, 배울 수 있는 게 한정되지만, 직장 생활을 해보고 들어온 사람은 다방면으로 실력을 발휘한다. 전문성을 확보해두는 것도 방법이다. 민원인이 처한 상황을 더 잘 이해할 수 있고, 기본적으로만 하던 업무에 전문성을 더할 수도 있다.

나는 국가직의 보건직 공무원으로 합격했다. 응시자가 많았지만 다행히 합격한데다, 병원에서 오랜 기간 근무했기 때문에 장비 다루는 법이나 시스템을 금방 숙지할 수 있었다. 그리고 민원인이나 환자를 대하는 법도 알았다.

이후, 경기도 가평군 보건소로 근무지를 옮겼다. 국립 병원에서 보건소로 옮겼을 때 많은 사람이 의아해했다. 보통은 지방에서 서울이나 중앙으로 가려고 하는데, 나는 반대로 서울시 송파구에 있는 국립경찰병원의 중앙직에서 경기도 가평의 지방직으로 옮겼기 때문이었다. 그러나 나는 이곳의 가족 같은 분위기와 지역 주민의 실생활을 가까이에서 볼 수 있어 좋다. 이런 경험으로 임상병리사이면서 사회 복지를 공부하던 경험을 바탕으로 사회를 연구하듯 근무하고 있다.

공무원을 준비할 때 힘들어서인지, 나는 후배들에게 아낌없이 조언하는 편이다. 후배들의 시행착오를 줄여주고 싶다. 최종 선택은 각자의 몫이다. 목표를 정하고 자신감을 갖고 이 길을 걷길 바란다.

국산품을 사용하고 싶어도
사용할 수 없는 심정

애국심은 국산품 사용에서 시작하는 듯하다. 되도록 우리나라 기업에서, 우리나라 사람이 만든 제품을 사용하는 게 품앗이이기도 하고, 내수경제를 일으킬 수 있는 길이기도 하다. 특히 의료 장비는 몇천만 원의 고가일뿐더러 부속품도 몇백만 원이다.

그러나 현실적으로는 수입품을 쓴다. 국산품을 이용하고 싶어도 이용하지 못하는 이유가 있다. 국산 의료 장비를 찾기 힘들기 때문이다. 외국 의료 장비를 들이면, 그에 맞는 시약과 소모품도 외국산을 써야 한다.

임상병리 업무에 쓰는 장비는 모두 상상을 초월하는 초정밀 장비로 혈액을 분석하고, 항원과 항체가 얼마큼인지 측정하는 장비들이다. 머리카락보다 백만 분의 1 정도 크기의 볼 수도, 만질 수도 없는 것을 측정하고 계산해야 한다. 가능하다면《걸리버 여행기》의 소인국 사람들처럼 작아져서 직접 시약과 항체의 반응하는 모습을 보고 싶을 때도 있다. 아쉬운 대로 시약과 혈액 속의 성분이 만나는 모습을 크로스오버하며 장비가 잘 작동하는지, 결과치가 잘 나오는지 확인할 뿐이다. '우리나라 기술로는 이런 장비를 만들 수 없을까? 이 장비들이 국산이면 마음 놓고 사용하며 자랑이라도 하고 싶은데…'

초정밀 장비는 대부분 독일산, 일본산, 미국산이다. 원천기술은 독일이 제일 많으며, 렌즈와 같은 장비도 독일이 처음 개발했다. 특히 독일의 칼 자이스 렌즈는 독보적이며 유명하다. 그다음 이 기술을 물려받은 것이 미국과 일본이다. 특히 일본산은 독일산보다 가격이 낮으면서 정교함은 버금간다. 현미경도 독일산은 비싸서, 일본의 니콘이나 올림푸스 제품을 사용한다. 대부분의 검사실이 이러할 것이다.

실험실의 기본 장비인 원심분리기도 마찬가지이다. 우리는 채혈한 혈액을 담은 튜브를 3,500아르피엠(rpm, 1분 동안의 회전수)으로 회전시켜 혈장이나 혈청을 분리하는데, 여기에 쓰이는 원심분리기는 일본산을 쓴다. 국산도 있지만, 내구성에 차이가 있다. 얼마나 오래 사용할 수 있는지 테스트해보아도, 일본산은 사용기한 10년을 넘어 20년 가까이 썼다. 국산으로 바꿀까 했다가도 가격 대비 안정성을 생각하면 일본산이 합리적이었다.

검사실의 냉장고도 이런 상황이다. 가정용 냉장고는 우리나라의 삼성이나 LG도 잘 만든다. 그러나 검사실과 실험실 냉장고는 다르다. 10년 이상, 한 번도 멈추지 않고 일정한 온도를 유지해야 한다. 예방접종 백신을 보관하기 위해서도 꼭 필요한 물품임에도 국산은 성능이 떨어진다. 국산을 사용했다가, 얼마 되지 않아 온도에 이상이 생겨 애를 먹은 경우도 종종 본다. 이렇게 되면, 예방접종실 냉장고 안에 보관한 주사약을 모두 폐기해야 한다. 온도가 일정치 않으면 주사약은 상하고, 백신은 효과가 없어진다. 실험실의 냉장고는 온도 감지 센서를 달고, 온도가 일정 범위 이상으로 벗어나면 담당자에게 알림이 가도록 설정되어 있을 정도로 시스템화되어 있다. 주사약, 백신, 시약의 변질은 정확한 검사치를 얻을 수 없을 뿐만 아니라, 자칫 위험한 상황이 벌어질 수 있다.

내가 매일 사용하는 주사기는 미국산이다. 주사기는 끝부분이 사선으로 날카로우면서도 표면은 매끄럽게 깎여 있으며, 멸균은 당연하다. 그래야 주사기가 피부를 뚫고 혈관에 들어갈 때 덜 아프다. 이런 주사기를 나는 국산으로 바꿔 사용해보았다. 그런데 며칠이 지났을까. 여느 날과 다름없이 내원객의 팔에 주사기를 꽂고 채혈을 하려는데, 내원객의 피부 안쪽이 찢어지는 느낌이 났다. 아주 미세한 작업이라 온 신경을 주사기 끝에 두고 감각을 동원해 채혈하는데, '빠지직!'하는 느낌이 들었다. 처음 느껴보는 감각이라 당황했다. 피를 뽑히는 내원객도 느꼈을 텐데, 별말이 없었다. 이후 검사실 동료도 같은 일을 경험했다. 그제야 주사기 끝을 살펴보니, 사선으로 깎인 부분이 매끄럽지도 않고, 확대경으로 보니 날카로운 부분이 푹 패여 있었다. 내원객들이 컴플레인을 걸지 않은 것만으로도 다행이었다. 그래서 어쩔 수 없이 이전에 사용하던 미국산으로 교체했다.

주위를 둘러보면 의료 장비뿐 아니라 DSLR 카메라, 악기, 건설 장비, 방송 장비 등등 대부분이 외국산이다. 세계 최고의 반도체를 생산하는 나라이지만 아이러니하게도 반도체를 만드는 제조 장비는 일본산이다.

한때 일본의 소니는 우리나라가 넘기 힘든 벽이었다. 그러나 2000년대 초반부터 삼성이 소니의 기술력을 앞지르기 시작했으며, 시가 총액을 넘긴 지 오래다. 중요한 것은 첨단 분야의 원천 기술 확보이다. 특히 의료 장비는 첨단의 정밀 장비이면서, 오랫동안 데이터 축적을 통해 신뢰를 얻어야 한다. 그냥 전원만 잘 들어오면 되는 게 아니라, 우주에 가는 기술만큼 섬세한 기술력이 있어야 인간의 몸에서 나온 혈액을 분석할 수 있다.

지금부터라도 의료 장비 분야에 투자해 상용화되면 좋겠다. 점점 적은 시약과 적은 검체로도 더 정확한 검사가 가능한 방향으로 발전하고 있다. 머지않아 피 한 방울로도 여러 검사가 가능할 시대가 올 것이다. 그 변화의 물결을 나는 현장에서 느끼고 있다.

의료 장비의 국산화가 힘든 이유를 시장의 협소함에서 찾는 사람도 있다. 그러나 의료 산업은 세계적으로 힘쓰고 있는 분야이다. 세계의 많은 병원과 연구 기관을 상대로 해야 답이 보인다. 국내만 바라보고 제품을 만든다면 제조 원가도 안 나올 것이다. 세계로 눈을 돌린다면 우리나라의 의료 기술 향상에 이바지하고, 일자리 창출의 효과까지 얻을 수 있을 것이다. 몇 분의 회장님 말씀이 생각난다.

"세상은 넓고 할 일은 많다."
"가족 빼고 다 바꾸는 심정으로 해보라."
"시련은 있어도 실패는 없다."

보건소에서
가장 신경 쓰는 검사는?

보건소에서 행하는 모든 검사는 내원객에게 도움이 된다. 혈당 수치 검사는 당뇨를 관리하는 사람에게, 콜레스테롤과 중성지방 수치 검사는 고지혈증을 앓는 사람에게 의미가 있다. 그렇다면 그 수많은 검사 중 보건소 검사실에서조차 긴장하며 정성들여서 하는 검사는 무엇일까?

바로 에이즈(AIDS, 후천면역결핍 증후군)검사이다. 에이즈는 자가 면역 질환으로, 보건소 검사실에서는 에이즈의 원인이 되는 HIV를 검사한다. HIV 검사는 결과를 도출하기까지 시간이 걸리고 까다롭다. 음성이면 다행이지만, 양성이 나오면 진짜 양성인지를 재확인해야 하기 때문이다. 가끔, 거짓 양성이 나오기도 하므로 신중해야 한다.

〈보헤미안 랩소디〉 속 프레디 머큐리를 보며 안타까운 마음이 든다. 1980년대에는 에이즈 치료가 쉽지 않은 시기였고, 약도 여러 알 먹어야 했다. 그러나 지금은 치료제의 성능이 좋아져 하루에 한 알만 먹어도 되며, 병원 치료를 꾸준히 받고, 관리하면 바이러스가 억제되어 사망률도 낮다. 또한, 치료 비용과 합병증 관리, 정기적인 진료비까지 하면 경제적으로 감당하기 힘들지만, 의료 보험과 보건소에서 지원하는 비용이 있어 관리가 가능하다. 지원하는 예산이 부족해 몇 개월씩 밀리기도 하지만, 그래도 가능하다.

특이 질환자 관리에 있어서 중요한 건 개인 정보의 관리이다. 에이즈 질환자의 개인 정보는 전쟁 대비 충무 계획과 함께 기밀 사항으로 분류되어, 이름이 아닌 고유 번호로 입력된다. 담당자조차 인적 사항을 확인하기 어려우며, 오로지 치료비 지원을 위한 고유 번호만 알 수 있을 뿐이다. A형 간염이나 삼일열 말라리아처럼 급성으로 시간을 다투는 감염병은 신속한 검사를 위해 개인 정보가 활용되지만, 에이즈는 시간을 다투는 감염병이 아니라, 정확도가 중요한 감염병인데다, 사회적으로 민감해 개인 정보를 확실하게 보호한다.

또한, 일부 보건소에서는 30분 만에 결과를 내는 검사를 하기도 하지만, 이는 정확도가 떨어지므로, 효소 면역반응검사

(ELISA)를 하는 것이 좋다.

HIV 신속검사는 임신 테스트를 하는 검사와 비슷하다. 소변으로 임신 여부를 알 수 있는 키트처럼 말이다. 그러나 나는 HIV 검사만큼은 조금 오래 걸리더라도, 정확한 검사를 했으면 한다. 양성으로 알면 충격이 크고, 극단적인 선택을 하는 사람도 있기 때문이다. HIV 검사는 양성으로 나왔다고 해서 반드시 양성은 아니다. 일단 양성 결과가 나오면 질병관리본부나 보건환경연구원에서 웨스턴 블롯팅(Western blotting)이라는 더 정밀한 확인 검사를 한다. 여기서도 양성으로 나와야 진짜 양성이며, 이때야 검사자에게 통보할 수 있다. 이는 임상병리 국가 고시와 보건직, 의료기술직, 간호직 공무원 시험에도 자주 나오는 단골 문제로 그만큼 조심스럽고 중요한 검사라 할 수 있다.

나는 이런 일을 두 번이나 겪었다. 검사해보니 참고치 정도의 수치라 양성으로 보기도 어렵고, 음성이라고 보기에는 하한선을 넘는 결과였다. 이때는 두 가지로 생각해볼 수 있다. 거짓 양성이거나 HIV 감염 초기인 경우이다. HIV에 감염되면 바로 수치가 올라가는 게 아니라 몇 주간의 잠복기를 거쳐 수치가 오른다. 너무 일찍 검사해도 음성이 나올 수 있다. 예전에는 몇 주 후에 재검사를 권유했지만, 지금은 기술이 좋아져 항원과 항체를 함께 검사하는 기법으로 재검 기간을 줄였다.

이런 민감한 질환을 겪는 환자를 직접 만나 치료에 대한 조언과 관리를 하고 싶지만, 현실적으로는 쉽지않은 일이다. 직접 만나는 것이 부담이 될 수 있고, 확인하려 드는 것처럼 느낄 수 있기 때문이다. 실제로 연락이 닿지 않는 질환자도 있었다. 어렵게 수소문해보니 얼마 전 돌아가셨다고 했다. 혼자 살고 있어 연락이 되지 않았던 것이다. 그래서 남은 치료비 지원금은 그의 유일한 가족인 누나에게 보내드렸다. 고인에 대한 마지막 인사라고 생각했다.

에이즈는 합병증 관리가 힘들다. 에이즈 치료보다 합병증 치료와 수술비가 더 부담이다. 어느 날 직접 검사실을 찾아온 질환자가 있었다. 관리 차 여러 번 통화해서인지 익숙한 분이었다. 그는 오자마자 다리의 관절 수술비를 지원받을 수 있는지를 물었다. 마음으로는 그의 어려운 상황을 이해했지만, 사실 에이즈 치료비에 대한 예산이라 지원이 불가능했다. 이렇게 에이즈 질환자의 치료에는 비용적 압박이 따르며 모두 국가에서 지원하기 어려운 실정이다.

담당자의 애로 사항이 하나 더 있다. 바로 에이즈가 인권 문제에 결부된다는 것이다. 질병이 퍼지지 않도록 관리해야 하지만, 인권 보호에도 신경 써야 하는 게 에이즈이다. 감염병 관리에 있어서 중요한 건 치료를 잘 받고 있는지 확인하는 것인데,

개인 정보를 알 수 없으니 주소지를 옮겨도 알 길이 없으며, 전화번호를 바꾸면 연락할 수도 없다. 그나마 유선으로 자신의 상황을 잘 알려주면 고마울 정도이다. 이로 인해 사망자가 생기면 담당자는 어려운 상황에 부닥친다. 질병관리본부에서는 역학 조사를 나오고, 뉴스와 언론에서 보도되면 관련 자료 준비와 언론 대응에 촉각이 곤두선다. 적극적으로 돕고 싶어도 도울 수 없는 상황이 답답하다. 이와 관련해 질병관리본부와 회의하며 이러한 현실을 보건소 담당자들이 이야기했지만, 질병관리본부 책임자의 대답은 다소 당황스러웠다.

"환자는 관리하는 게 아니라 지원하는 것입니다. 환자의 치료비를 지원하는 게 우리의 일입니다."

중요한 건 감염병 확산 방지와 치료자의 증상 관리이다. 치료비만 지원하고, 관리가 안 되면 감염병을 어떻게 차단할 수 있을까. 두 마리 토끼를 다 잡으면 좋겠지만, 현실적으로 보완할 대책이 필요하다. 에이즈로 사망한 사건이 발생하면 지역 담당자는 애를 먹는다. 정확한 전화번호만이라도 알 수 있으면 담당자와 질환자 모두에게 좋다. 연락은 감시의 목적이 아니라 대화와 소통을 위한 최소한의 끈이라고 생각했으면 한다.

전염병이 되어버린 외로움,
고령화 사회

고령화는 전체 인구 중 65세 이상의 인구수를 따져 계산한다. 전체 인구 중 65세 이상의 노인이 7% 이상이면 고령화 사회, 14% 이상 20% 이하면 고령 사회, 20% 이상이면 초고령 사회이다. 해남과 가평은 65세 이상의 노인이 20% 이상이어서 초고령화 지역이라 할 수 있다. 2020년 현재, 해남은 30%, 가평은 25% 정도이며, 서울은 15%정도이다.

사회의 노령화는 인간으로 치면 몸이 노후화하는 것과 같다. 만들어지는 세포보다 죽어가는 세포가 더 많다. 쉽게 지치므로 자주 쉬어야 한다. 활동력 있는 세포가 적어서 유지하는 비용도 많이 든다. 또한, 사회의 고령화는 지역의 슬럼화를 부른다. 부모를 모시는 가구가 드물다 보니, 독거노인의 비중이 높아진다.

이들은 대부분 외로움에 시달리며, 의료비와 주거 비용에 대한 부담도 높다. 노인의 자살률이 높은 이유이다.

내가 보건소를 찾는 어르신들과 되도록 이야기를 많이 나누려 하는 이유가 여기에 있다. 외로움은 미래 사회에 가속화할 전염병 아닌 전염병이다. 누구라도 관심을 두고 인사라도 건네면 그들은 다음 만남을 기대하며 지낸다. 어떨 때는 혈액 검사보다 요즘 근황을 묻는 게 더 큰 검사 항목이 된다. 채혈하며 그간 하고 싶었던 이야기를 풀어놓고 가는 분들이 많다.

2018년 영국은 새로운 분야의 장관을 임명했다. 인간의 외로움을 담당하는 고독부 장관이다. 실제로 정부 부처가 생긴 건 아니지만, 인간의 고독과 사회와의 단절, 고독사 문제를 해결해야 하는 과제로 인식했다는 것이다. 그만큼 정신적 외로움은 신체적 건강을 해칠 수도 있으며, 이에 관해 미국의 줄리언 홀트 룬스타드 교수는 "외로움은 매일 담배 15개비를 피는 것만큼이나 건강에 해롭다"라는 연구 결과를 발표하기도 했다. 또한, 영국에서 외로움에 관심을 두고 활동하는 조 콕스 위원회는 "고독은 개인적 불행에서 사회적 전염병으로 확산했다."라며 고독을 정서적인 문제가 아닌, 건강을 심각하게 위협하는 감염병으로 규정했다.

우리나라는 노인 자살률이 세계 1위에 이른다. 사실 보건소 검사실에서 일하다 보니 그 마음에 공감이 된다. 몸도 불편하고, 외로워 삶의 의미를 찾지 못하는 노인이 많다. 가끔 만나는 자식마저 마음에만 품고 산다. 자식 자랑에 눈빛이 초롱초롱해지는 그들의 눈빛을 보면 마치 젖먹이를 안고 마주 보는 것 같다.

프랑스의 우체부는 지역 노인의 말벗이 되어주는 서비스를 시작했다. 신선해 보이겠지만, 사실 우리 보건소에서는 진즉 하고 있던 일이다. 검사실 밖에서는 어렵지만, 적어도 방문하는 분들에게는 이런저런 이야기를 나누고 안부를 묻는다. 예산을 더 들일 필요도 없다. 어느 부서든 노인에 대한 관심과 정성만 있다면 가능하다. 우리는 동방예의지국 아닌가? 노인들의 생활 모습은 언젠가는 겪게 될 우리들의 미래 모습이다. 고령화 사회에 대비해 촘촘한 연대의 사회 망을 만드는 게 중요하다.

누구를 먼저
이송할 것인가?

보건소에서는 1년에 서너 번 정도 지자체나 소방서와 함께 재난 대비 훈련을 한다. 10년 전만 해도 형식적인 훈련이라 여겼지만, 최근 재난 대비의 중요성을 실감하게 되면서 정말 실전처럼 준비해 훈련하고 있다. 드라마 〈태양의 후예〉를 보면, 대지진으로 무너진 폐허 속에서 부상의 정도에 따라 환자를 분류하고 이송하는 장면이 나온다. 10년 동안 재난대비 응급의료 업무를 하면서, 짧은 시간에 현재 가지고 있는 자원을 효율적으로 사용해 더 많은 환자를 살리기 위해서는, 환자의 분류가 중요함을 깨달았다. 선택과 집중의 문제이다.

중증의 환자는 4가지로 분류한다. 1순위는 생명을 위협할 만한 쇼크나 출혈이 있어 즉각적인 처치를 해야 할 환자로, 빨간색으로 표시한다. 물론, 바로 대응하면 살려낼 수 있는 환자여야 한다. 2순위는 출혈이 심하나 의식이 있고, 적절한 조치를 하면 어느 정도 견딜 수 있는 환자다. 1순위의 환자가 이송될 때까지 기다려도 생명에 위협이 없는 경우이며, 노란색으로 표시한다. 3순위는 비응급 환자이다. 경미한 상처를 입은 환자로, 최소한의 처치로도 수 시간을 견딜 수 있는 환자이다. 녹색으로 표시한다. 4순위는 사망자이다. 이미 호흡이 멈추었거나, 어떤 처치로도 생존 가능성이 희박하면 검은색으로 표시한다. 이렇게 중증의 정도를 구분하고 나면, 갖고 있는 의료 장비와 물자를 분배해 효율적으로 사용하고 이송해야 한다.

재난 현장에서는 응급처치반의 활동이 중요하다. 환자를 적절하게 분산하지 않으면 3순위의 비응급 환자가 먼저 가까운 병원에 들러 치료받게 되어, 응급 환자와 긴급 환자는 치료를 받지 못하는 상황이 펼쳐질 수 있다. 이런 문제를 방지하기 위해서는 3순위 환자에게 먼 병원에서 진료받도록 권고하고, 1순위와 2순위 환자를 가까운 병원에 이송해 빠르게 치료받도록 해야 한다. 그래야 되도록 많은 환자가 생존할 수 있다. 보행이 가능한지를 확인하면 빠르게 판단할 수 있다. "제 말 들리세요? 일어나서 처치 받을 수 있는 분은 이쪽으로 오세요." 하고 모아서 버스 등을 이용해 먼 병원으로 보내면 좋다. 이 중 부상이 경미한 환자가 있다면 현장의 의료진을 돕게 하는 것도 좋다.

재난 시 이런 사람만 있어도 큰 도움이 된다.

감염병이 돌 때도 이런 방법을 사용하면 좋다. 무조건 많은 사람을 검사할 게 아니라, 증상 정도에 따라 선별해 검사하는 것이다. 전수 조사라는 말은 쉽다. 그러나 그만큼 시간이 지체 될 수 있고, 검사 비용도 많이 들어간다. 검사할 필요가 있는지 를 선별하고, 증상이 심한 환자부터 검사해 치료해야 한다.

감염병 환자가 집단으로 발생하면, 우선순위를 둬야 한다. 한 병원에 환자가 몰리면 업무가 마비될 뿐 아니라, 필요에 따라 음 압 병실을 이용하지 못하는 환자가 나오고, 최악의 경우 원내 감염이 일어날 수 있다.

이런 일을 방지하기 위해서는 각 병원의 자원과 능력에 맞춰 환자를 이송해야 하며, 평소에 병원별 자원 현황을 알고 있어야 가능하다. 큰 병원이라고 해도 능력에 한계가 있는 법이며, 크고 유명한 병원에만 환자가 몰려들면 그만큼 치료 시간이 지연된 다는 것도 알아야 한다.

같은 자원을 갖고 있어도, 어떻게 운용하는가에 따라 살릴 수 있는 환자를 살리지 못하기도 하고, 살리지 못할 것 같은 환자 를 살릴 수도 있다.

날아오는 미사일을
몸으로 막을 준비가
되어 있는가?

어느 나라에서는 전쟁이 나면, 왕자나 책임자가 헬기를 타고 있다고 한다. 헬기를 타고 날아오는 미사일과 충돌해서라도 국민을 지키기 위함이다. 즉, 미사일을 몸으로 막겠다는 것이다. 우리도 이러한 마음이 필요하다. 특히 책임자, 국가를 위해 일하는 자는 반드시 이런 마음을 가져야 한다. 목숨을 내놓을 정도로 준비한다면 못할 게 무엇이 있을까?

우리나라는 어떤가. 전쟁이 났는데 도망가는 지도자도 있었고, 자녀를 군대에 보내지 않으려고 다방면으로 힘쓰는 정치인도 있었다. 고등학생 자녀를 2주간 의학 실험에 참여시켜 논문을 내게 한 장관 내정자도 있었다. 의학 전공자를 제치고 눈문의 제1저자가 된다는 건 현실적으로 말도 안 될 뿐더러, 윤리적

절차를 밟지 않고 사산한 아이를 연구해 내놓은 논문이라 대한 병리학회에서 취소를 했다. 국가의 존폐가 달린 순간, 과연 이런 사람들이 나라를 지킬 수 있을까?

생물테러 대비·대응 업무는, 감염병 중에서도 고 위험 병원균에 대한 준비 업무이다. 생물 테러 물질은 수십 미터 앞에서도 바람을 타고 날아와 피부를 타오르게 하고, 의식을 잃게 한다. 우리는 이런 병원균을 반드시 막아야 한다. 우리는 보호복 중에서도 가장 높은 수준인 레벨 A 보호복을 입는다. 우주복처럼 생긴 이 형광색의 보호복은 혼자 입을 수도 없다. 호흡기와 산소통이 잘 연결되어 있는지 확인해야 할 정도이다. 위험이 절정에 다다른 순간, 우리는 이 뻣뻣하고 두꺼운 보호복을 입고 위험물 앞으로 간다. 어떤 균일지 모르는 백색가루 같은 것을 3중 수송 용기에 담아 질병관리본부로 보내고, 현장에서도 바로 생물 테러 검사 키트로 검사를 한다. 검사 키트에서 결과가 나오는 시간은 약 30분. 그동안은 꼼짝없이 그 자리를 지켜야 한다. 보호복 외부에 묻은 위험 물질이 퍼질 수 있기 때문이다. 정말이지 목숨을 걸고 하는 일이다. 물론, 이런 일이 생기면 안 된다. 그러나 생길 수도 있는 위험을 대비해 우리는 꼼꼼히 가정하고 준비한다.

생물테러 대비·대응 업무는 고 위험물에 대한 준비이므로, 신종 감염병에 대한 준비와 같다. 새로운 바이러스가 나타나면 사람들은 공포에 떤다. 그래서 우리는 그들은 안정시키고, 감염되었을지 모르는 이들과 접촉해 검사를 해나간다. 나도 감염될지 모르지만, 그것을 감내하는 것이다. 이런 일은 평소 고강도 훈련을 통해 대응하며, 이는 보건소와 유관 기관의 합동 작품이기도 하다.

시민들의 참여도 많았으면 하는 바람이다. 담당자와 담당 기관도 중요하지만, 시민들도 이런 상황을 경험해보며, '재난 시 나는 무엇을 해야 할까?'를 고민해보면 좋겠다. 백문이 불여일견이다. 생물 테러 대비·대응 훈련, 재난 안전 훈련 등에 참관해보자. 안전을 위해서는 늘 고민하고 생각해야 한다.

재난 대비 담당자가 알아야 할
매뉴얼에 없는 내용

　실제 재난이 일어나거나, 재난 대비 훈련을 할 때는 담당자, 즉 '연락관'의 역할이 중요하다. 담당자는 기관과 기관을 연결하는 역할을 하며, 각 분야의 전문가가 활동하는 동안, 외부 상황은 어떤지, 다른 기관은 어떻게 돌아가는지 등의 전체적인 상황을 파악해야 한다.

　보건소에서는 보건소장이 지휘자이다. 보건소장은 재난 시 응급의료소가 잘 운영되도록 지휘, 감독한다. 그러나 실제로 발로 뛰는 사람은 담당자이다. 이때 담당자는 내가 책임자라는 마음으로 일해야 한다. 의료지원팀, 분류팀, 응급처치팀, 이송팀 등의 상황을 종합지휘 상황실에 보고하기도 하고, 다른 분야의 상황을 응급의료소에 알리기도 해야 한다. 즉, 담당자는 연락할 사람이 누구인지 확실하게 알아야 한다. 보건소 담당자라면 질병

관리본부와 보건복지부 담당자, 시군구청 재난상황실과 소방서, 경찰서, 시도재난대비본부, 군부대 등등의 담당자를 파악해둬야 한다. 담당자의 연락처는 물론, 그들의 성격까지도 말이다. 일할 때의 마음가짐도 중요하다. 나는 검사실에서 검사할 때는 반도체를 만드는 사람이라고 생각하며 일한다. 반도체를 만드는 사람처럼 정교하고 세밀하게 작업한다. 그리고 재난이나 비상 업무를 할 때는 안기부, 국가정보원에서 근무한다고 생각하며 일한다. 내가 국가정보원 소속의 직원이라고 생각하고 정보와 자료를 모은다.

재난 현장에서 누군가 만났다면 어느 기관에서 왔는지 한눈에 알 수 있어야 한다. 근무복을 입고 있다면 알기 쉽지만, 재난 시에는 그렇지 않을 수 있다. 관계 기관 담당자의 얼굴을 알고 있어야 수십, 수백 명의 사상자를 관리할 수 있다.

분야별 담당자의 성향도 미리 파악해야 할 요소이다. 재난 시에는 평소 온화한 사람도 예민해지기 마련이다. 이들과 소통하기 위해서는 평소 그들의 성향을 잘 알아야 좋다. 현장에 출동한 담당자는 모두 그 분야의 전문가이다. 의료진은 의료진대로 환자의 생명을 지키기 위해 최선을 다하며, 소방서는 현장의 안전을 위해 최선을 다할 것이다. 경찰은 현장을 확실히 통제하고,

행정부처는 협력 단체와 인력을 모으는 데 최선을 다할 것이다. 재난 현장에서 담당자 회의를 하며 의견을 조율할 수도 있지만, 진짜 긴급한 상황에서는 본능적으로 해야 한다. 회의를 하며 머리를 맞대고 아이디어를 낼 것 같지만, 실제 상황에서는 쉽지 않다. 내 앞에 불이 떨어져 있는데 회의하고 의견을 묻고 할 여유가 어디 있겠는가? 재난 현장은 서로 묻고 상의하는 시간도 아까울 정도로 시간을 다투는 곳이다. 그래서 그 전에 모여서 미리 훈련하는 것이다. 유관 기관 담당자나 전문가들이 무엇을 하는지 보지 않고도 알아야 한다. 눈빛만 보고도 알 정도로 파악해 두어야 한다. 매뉴얼을 들고 이 사람이 누구인지, 어떤 담당자를 만나야 하는지 일일이 물어보고 다닐 것인가? 누구도 일일이 설명하고 가르쳐주지 않는다. 유관 기관과 회의할 때가 담당자의 얼굴을 익힐 기회이다. 회의가 한 시간이면, 실제 상황에서는 한 시간 이상의 값어치를 할 것이다. 가상 시나리오로 재난 대비 훈련을 할 때, 실제 상황이라고 생각하며 시간의 흐름을 잘 살피고, 영화처럼 그 상황을 그려보라. 또한, 유관 기관에 방문할 기회가 있으면 환경과 분위기를 살피자. 갖추고 있는 장비는 무엇이 있는지, 추후 내가 도울 수 있는 부분이 있는지 알아두면 좋다. 예를 들어, 소방서에서 회의가 있으면, 담당자를 직접 찾아가 인사하고, 차도 마시며 부서의 인원이나 구조, 분위기 등을 살피는 것이다. 이렇게 해두면, 그들도 '우리에게 관심이 있고 도움을 줄 의향이 있구나!' 하고 신뢰하게 된다. 그리고 원론적인 이야기가 아니라 세부적인 내용을 공유하면, 재난 시 훨씬 효율적으로 일할 수 있다.

자원이 무한하면 이렇게까지 할 필요가 없다. 초고속 인터넷이 설치되던 시절에 유명했던 컴퓨터 게임 스타크래프트에는 "Show me the money."라는 단어를 입력하면 자원이 계속 생긴다. 그러나 현실은 그렇지 않다. 준비할 자원과 물품, 인력은 늘 부족하다. 비용도 만만치 않고, 모두 구비한다고 해도 둘 장소가 없다. 협력해서 유관 기관과 자원을 분배해 사용하면 좋을 것이다. 우리 창고에는 재고가 많은 물품이 다른 기관에는 없는 경우도 많다. 예를 들어, 보호복은 보건소에서 평상시에도 넉넉하게 구비해두지만, 경찰서에는 보호복이 많지 않다. 군부대 같은 경우에도 몇 년 전까지는 생물 테러 검사 키트가 귀했다. 비상 작전 시에도 이 부분은 늘 비어 있었고, 타 기관에서 생물 테러 검사 키트를 빌리려면 승인을 받아야 해 까다로웠다. 그래서 군부대에서 훈련할 때 내가 검사 키트를 가지고 갔다. 검사 키트 브리핑까지 하니 훈련 평가 점수도 오르고 훈련 시에도 유용했다. 이들도 생물 테러 검사 키트의 존재는 알지만, 자세한 설명은 들

나는 오늘도
보건소로 출근합니다

을 기회가 없었을 것이다. 훈련하다보면 '무엇이 필요한가?'가 느껴진다. 서로 부족한 부분을 채워줘야 한다.

　군부대 훈련을 마치고 우리는 구급차를 타고 보건소로 철수했다. 그러나 군부대는 훈련이 끝나지 않았는데, 비가 많이 와서 머무를 곳이 없다며, 보건진료소 한쪽을 사용해도 되는지 문의가 왔다. 내부 시설은 이용할 수 없지만, 주차장을 사용하는 건 괜찮아서 장소를 지원했다. 그렇게 우리 보건진료소는 유사시 사용할 수 있는 장소가 되었다. 이렇게 민관군경 모두 손과 발이 맞아야 나라가 발전한다. 4개의 바퀴 중 하나가 빠지면 그 차는 움직이지 못한다. 그리고 '연락관' 역할을 하는 담당자는 이 4개의 기관이 잘 굴러가게 하는 연골과 같다. 뼈와 뼈를 연결하고, 부드럽게 움직일 수 있게 하며, 뼈를 꽉 잡아주기까지 한다.

　연락관 역할을 하다보면 지치기도 하고, 하찮은 일처럼 여겨져 염증이 날 때가 있다. 이는 관절에 염증이 난 것과 비슷하다. 그러나 늘 연골을 매만지며, 튼튼하게 하자. 그래야 재난 시 위기를 잘 헤쳐 나갈 수 있다.

PART
4

바이러스가 퍼지면
비로소 나타나는 현상들

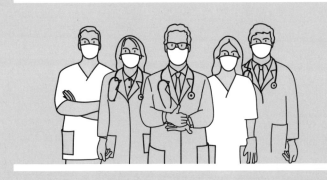

유명 맛집에
찾아온 한파

　바이러스는 사람의 몸에 들어와 치명적인 상흔을 남길뿐더러, 사회의 경제 활동에도 큰 영향을 미친다.

　메르스가 발생한 2015년 6월 초였다. 식사하려고 퇴근길에 동네에 있는 유명 막국수 집에 들른 적이 있다. 워낙 맛집으로 소문난 곳이라 늘 긴 줄이 늘어서 있는데, 그날은 손님이 없어서 바로 테이블에 앉을 수 있었다. 정말 혼자 가게를 전세 낸 듯 큰 테이블을 차지하고 혼자 먹었다.

　'문 닫을 시간이어서 손님이 없나?' 생각하며 어색하게 막국수를 먹었는데, 나중에 알고 보니 메르스 때문이었다. '의사 환자 발생'이라는 소식에 손님이 뚝 끊겼다고 했다. 하루이틀이면 괜찮겠지만, 장기화하면 손해가 클 터였다. 식당을 나오니 다른 가게도 마찬가지였다.

코로나19가 대유행하는 지금도 마찬가지다. 사회적 거리두기로 가게에 사람의 발길이 끊기고, 집 밖으로 나오는 사람이 줄었다. 그만큼 많은 사람의 수입이 줄고 가계가 어려워졌다. 이렇게 바이러스는 사람의 몸속에 침투해 생명에 위협을 주기도 하지만, 경제에도 치명타를 입힌다. 감염병의 예방과 관리가 중요한 이유이다.

태풍을
막을 수는 없다

어릴 적 내가 살던 해남은 유독 태풍이 많았다. 태평양에서 형성되어 북상하는 태풍은 늘 강한 비바람을 머금고 있었고, 그 위력은 어마어마했다. 지붕의 기왓장이 날아가거나, 간판이 부서지는 건 예사였다. 그런 날에는 다들 집 안에만 머물렀다. 비바람의 피해도 컸다. 자동차는 무언가에 부딪혔는지 움푹 패여 다니기도 하고, 마당에는 물이 차올랐다. 이집 저집에서 모인 빗물이 동네 냇가로 흐르면 강이 넘칠까 걱정이었다. 냇가의 물이 넘치면 주변 논이 잠겨 피해가 컸다.

서울에 올라와서도 태풍을 겪은 적이 있지만, 어릴 때 해남에서 보았던 태풍에 비하면 아무것도 아니었다. 내륙으로 올라오며 태풍의 기세가 꺾였기 때문이다. 아무튼 태풍은 어디에나 있었다. 그 기세와 위력에 차이만 있을 뿐.

태풍이 불면 예방의약팀에도 비상이 걸린다. 어느 해에 태풍으로 계곡물이 넘치고, 주변 펜션과 민가에 큰 피해가 난 적이 있다. 나무에는 어디에선가 떠밀려온 쓰레기가 걸려 있었고, 강물도 흙탕물이었다. 주택은 하수구에서 넘친 구정물이 가득 찼다. 처참했다. 우리는 관내 지역을 돌며 수해 복구에 힘쓰고, 오염된 물로 인한 감염병을 막기 위해 방역을 했다.

그 무렵 관내에 민들레 영토의 지승룡 대표가 강의를 하러 오셨다. 수해의 기억이 채 가시기 전이었지만, 만나고 싶은 분이라 기쁜 마음으로 참석한 강의였다. 경영인이라 당연히 사업과 경영에 대한 강의일 줄 알았는데, 의외로 얼마 전 겪었던 태풍과 폭우에 대한 자연 현상을 이야기하셨다.

그는 가끔은 비가 많이 내려야 땅속 깊이 있는 뿌리까지 물을 적실 수 있으며, 씻겨 내려갈 것이 씻겨 내려간다고 했다. 신선한 발상이었다. 비가 많이 와서 힘들고 불편한 것만 생각했지, 자연스러운 현상이라는 건 알지 못했다. 그리고 우리 동네의 흙탕물로 뿌예진 강은 정말로 며칠 후 다시 맑게 되돌아왔다. 누가 정수기를 돌리기라도 한 것처럼 비가 오기 전보다 깨끗해진 것이다. 계곡에도 쓰레기는 사라지고, 나무는 푸른 녹음이 지기까지 했다.

그렇다. 태풍을 막을 수는 없다. 그러나 미리 준비하면 태풍으로 인한 피해는 줄일 수 있다. 감염병도 인간과 자연이 공존하는 한 늘 존재할 것이다. 감염병에 대해 걱정하기보다 예방하는 것이 피해를 줄이는 유일한 길이다. '왜 감염병이 생겼을까?' 하며 원망하기보다는, 1년에 몇 번 찾아오는 태풍처럼 자연스러운 현상이라 생각하는 게 좋을 것 같다.

태풍이 지나간 후의 변화한 모습도 생각해보라. 더 깨끗해진 산과 강처럼, 우리 삶에도 불필요한 것은 정리가 되고, 진실로 중요한 것을 발견하게 될 것이다.

정부의 강한 자신감을 믿은
어린 양 목사님

오랜만에 아내와 아이들을 따라 교회에 갔다. 코로나19 확진 자가 발생하기 시작한 시점이라 망설였지만, 아빠인 나만 빠지기가 민망해 마스크를 하고 조심히 나선 길이었다. 시국이 시국인지라, 목사님의 설교에도 코로나19 이야기는 빠지지 않았다. 전국에 몇 명의 환자가 발생했지만, 깨끗한 환경을 위해 철저히 방역하고 있으며, 성가대 활동과 구역 예배를 자제할 것을 권고했다. 그러고는 다음 주 예배에 대해서도 말씀하셨다.

"국내에 확진자가 있긴 하지만, 정부에서도 조기에 종식할 수 있다는 강한 자신감을 보이고 있습니다. 그러니 다음 주에도 교회에 나와 함께 예배드려도 됩니다."

조심하고 경계하라 할 줄 알았는데, 다음 주에도 나오라니. 게다가 '강한 자신감…?' 뭔가 전달이 잘못되었다는 생각이 들었다.

감염병에 자신감이라는 단어는 어울리지 않는다. 불도 자나 깨나 조심해야 하듯이, 감염병에 있어서도 자나 깨나 병원균 조심이라는 걸 그간의 경험으로 뼈저리게 알고 있다. 그런데 목사님이 수백 명의 성도 앞에서 이렇게 말씀하시니 뭐라 해야 할까. 잘 모르는 분야라면 고개를 끄덕였을지 모르나, 내가 담당하는 분야가 아닌가. 도대체 목사님은 왜 그렇게 말씀하셨을까?

집에 와서 곰곰이 생각해보았다. 그러고는 여러 매체의 뉴스를 찾아 읽으면서, 목사님의 입장을 헤아리게 되었다. 목사님 입장에서는 그런 생각이 들 수밖에 없을 것 같다. 대통령이 직접 "한 가지 분명한 것은 우리가 충분히 관리할 수 있고 극복할 수 있다는 사실"이라며 사태 해결의 자신감을 보인 데에서 시작된 듯했다. 뉴스 여기저기에 "신종 코로나, 불안해할 필요 없어", "…강한 자신감 보인 대통령"이라는 헤드라인이 보였다. 경기 침체를 염려해 대통령이 직접 나서서 사람들을 안심시키는 듯했다. 사람이 많은 재래시장에서 상인들과 악수도 하고, 이야기 나누는 모습에 사람들이 안심한 것이다. 이는 많은 사람이 경계심을 푸는 계기가 되었고, 이런 뉴스 이후에 정말로 마스크를 하는 사람이 확연히 줄었다. 지하철역과 거리도 마찬가지였다. 결국, 목사님이 오해할 만했다.

결과적으로 이런 뉴스가 나온 지 2주 정도 되자 예상했던 일이 일어나고야 말았다. 확진자가 폭발적으로 증가하며, 한 달이 채 되지 않아 수천 명의 양성자가 나온 것이다. 그야말로 전쟁과 맞먹는 상황이 되었다.

우리나라는 한 종교 단체의 지역 교회가 발단이었다. 사실 교회야말로 비말로 인한 감염의 천국이 될 만한 공간이다. 밀폐된 공간에 많은 사람이 모이고, 한 명 한 명 악수하며 인사하고, 통성으로 기도하고, 소리 높여 찬양하며 감동해서 눈물, 콧물까지… 그리고 헤어질 시간이 되면 또다시 악수와 포옹으로 인사를 나눈다. 천국에 가기 위해 사람들이 모인 교회가 바이러스에게는 지상 낙원인 것이다.

특정 종교만의 문제가 아니다. 다수가 밀집한 공간에서 친밀한 교류가 일어나는 것이 문제다. 일부 교회에서는 신앙심이 감염병 위기로부터 지켜줄 거라고 했다. 그래서 더 크게 소리 높여 기도하고 예배드리지만, 말도 안 되는 이야기이다. 그럴수록 바이러스가 확산될 뿐이라는 것을, 우리는 이미 경험했다.

종교는 지도자의 결단과 방향성이 중요하다. 신도를 어떻게

인도하는가에 따라 신도의 건강을 지킬지, 아닌지가 결정된다. 국가도 마찬가지다. 국가 위기 사태에서는 국가 수장의 결단과 방향성이 국민의 생명을 좌우한다.

아픈 배를 부여잡고
도망친 학생들

감염병 신고는 퇴근할 무렵이나 주말에 많이 들어온다. 신고할까 말까 고민하다가 신고하기 때문인 것 같다. 금요일 저녁에 신고가 들어오면 우리는 금요일 저녁에 역학 조사를 시작하고, 검사 결과를 확인하려면 주말 내내 일해야 한다. 그래서 평일 낮에 신고 전화가 들어오면 감사하다.

어느 해, 평일 오후에 집단 식중독 발생 신고가 들어왔다. 팀장님이 부재중이어서 업무 대행으로 내가 상황을 판단해야 했다. 감염병 신고가 들어오면 현장에 가서 검체를 채취해야 할지, 전화상으로 처리해야 할지를 판단한다. 검체를 채취하려면 몇 배의 직원이 더 출동해야 하기 때문이다. 그리고 그날은 병원의 점심시간 전에 확인을 완료해야 할 것 같아 나와 팀원이 함께 현장으로 출동했다. 역학 조사서 복사본과 검체 채취용 수송 배지, 볼펜, 네임펜, 아이스박스와 얼음을 챙긴 채였다. 다행히 12시 전에 병원에 도착했다. 그러나 병원에 들어선 순간 허탈감이 밀려왔다.

"환자 분은 어디에 계신가요?"
"저… 그게…."

병원 직원이 머뭇거렸다. 순간, 환자의 상태가 너무 안 좋아서 일이 커진 건지 걱정이 되었다. 그러나 병원 직원은 의외의 말을 했다.

"환자가 학생들이었는데, 도망갔어요."
"전화받자마자 왔는데 그새 나갔어요? 식중독이면 설사도 심하고 지금 어디를 갈 컨디션이 아닐 텐데요?"
"그러게요. 저희도 보건소에서 금방 나올 테니 기다리라고 했는데, 교수님 전화를 받고는 부랴부랴 나갔어요."

담당 교수면 학생들을 치료받게 했을 텐데 무슨 일이었을까. 이상했다. 그래도 도망갈 정도면 심한 상황은 아닌 것 같아 안

심하고 직원에게 물어보니, 한 대학에서 MT를 왔는데 설사와 복통을 호소하며 왔었다고 한다.

두 명 이상이면 집단 감염이기 때문에 우리는 원인을 확인해야 했다. 그래야 감염병을 차단할 수 있기 때문이다. 결국 우리 팀에서는 학생들이 묵었다는 펜션에 연락해 보았다. 스무 명 정도의 학생이 놀러 왔는데, 그중 몇 명이 어두운 곳에서 바비큐를 굽다가 잘 안 익은 고기를 먹은 것 같다고 했다. 흔히 있는 사고이다. 어두운 곳에서 고기를 굽고는 탄 고기를 먹기도 하고, 덜 익은 고기를 먹기도 하며, 술에 취해서 구분도 못 하는 것이다. 게다가 돌덩이도 소화할 나이지 않은가. 그러나 돌이라면 다음날 화장실에 가면 나오지만, 병원균은 그렇지 않다. 몸에 들어가면 기하급수적으로 늘어난다. 그런데 도대체 왜 도망 갔을까?

알고 보니, 식중독이 발생했다고 하면 학교에 문제가 생길까봐 교수가 학생들을 급하게 귀가시킨 것이었다. 결국 우리는 역학 조사를 하지 못했다. 아마 학생들은 아픈 배를 부여잡고 좁은 차에 끼여 타고 도망갔을 것이다. 중간중간 화장실에서 볼일도 보면서… 몇 년이 지난 지금, 그들에게는 추억이 되었을지 모르지만, 자칫 생명을 잃을 뻔했다는 걸 알았으면 한다.

아플 때 빨리 치료받고, 감염병 발생 원인도 밝혀야 더 큰 사태를 막을 수 있다. 실제로 교회에서 수련회를 와서 몇백 명의 식중독 환자가 발생했지만, 바로 협조해 빨리 마무리할 수 있던 적이 있다. 우리는 알지 않은가. 쉬쉬하다가 그 지역 전체가 팬데믹에 빠진 일을 말이다.

동물성 바이러스가 돌면?

보건소에 오니 본업인 검사뿐 아니라, 지역 사회를 위한 다양한 업무도 병행하게 되었다. 봄과 가을에는 산불 감시, 여름에는 유원지 익사 사고 방지, 산사태와 홍수 대비, 겨울에는 폭설에 대비했다. 그리고 '보건소에서 이런 일도 하는구나.' 싶은 업무도 한다.

보건소에 온 지 2년 정도 지났을 무렵의 겨울이었다. 연말이라 업무를 마감하고 통계를 내는 시기이면서 크리스마스 분위기가 한창이었다. 그런데 생각지도 못한 사건이 터졌다. 구제역이었다. 구제역은 소, 돼지, 양, 염소, 사슴 등의 동물에게 발병하는 바이러스성 전염병을 말한다. 소가 구제역에 걸리면 사료를 먹지 않고, 거품 섞인 침을 흘린다. 전반적으로 치사율은 높지 않지만, 확산이 빨라 보건소 직원에게도 비상이 걸린다. 인간 전염병 대비만 생각했지, 동물을 관리하게 될 줄은 몰랐다.

그렇게 우리는 하얀 작업복을 입고 구제역 관리에 동원되었다. 보건소 직원 중 몇 명은 동물 살처분에 나섰고, 대다수는 거점 소독 업무에 나섰다. 도로에 초소를 만들어 오가는 차량을 소독하고, 축사 근처를 드나드는 차량을 통제하거나 이동 경로를 체크했다. 한겨울이라 소독액으로 자동차 유리창이 얼어 급히 멈추는 차량도 있고, 분사기의 노즐이 얼어붙어 애를 먹기도 했다. 그러고는 임시로 만든 컨테이너에서 휴식을 취하거나 잠을 자며 교대로 근무했다. 군부대에서도 지원이 나와 다 같이 돌아가며 일했다.

살처분 업무는 끔찍하다. 일단 구제역이 발생하면, 굴착기로 땅에 크고 단단한 구덩이를 판 다음, 비닐을 두세 겹으로 깐다. 그리고 구덩이 근처로 소와 돼지를 몰아 안락사 주사를 맞히고, 배에 구멍을 뚫은 다음, 석회 가루를 뿌려 구덩이에 넣고 묻는다. 배에 구멍은 가스가 차서 땅 위로 떠 오른 것을 막기 위함이고, 석회 가루는 바이러스의 억제를 위해 뿌린다. 그런데 동물은 주사를 맞는다고 바로 죽는 게 아니었다. 숨이 붙어 있는 채로 배에 구멍이 뚫리기도 하고, 주사액이 부족하면 산채로 묻히기도 한다. 그중에는 어미 소와 갓 태어난 송아지도 있다. 어미 소는 몸도 풀지 못하고 산 채로 배에 구멍이 뚫려 울었고, 송아지도 어미와 태어나자마자 헤어지게 되었다. 그렇게 수백 수천 마리의 동물이 참혹하게 살처분된다. 조류인플루엔자가 돌았을 때는 양계장의 닭이 그렇게 처리되었다. 슬프게도 구제역과 조류인플루엔자는 매년 반복되고 있다. 뉴스에는 어느 지역에 구제역이나 조류인플루엔자가 발생해 살처분되었다고 한 줄이 나올 뿐이지만, 현장은 참혹해서 눈 뜨고 보기조차 힘들다.

그렇게 몇 달의 추운 겨울을 보내고, 컨테이너에서의 생활도 끝났다. 해방이었다. 그러나 진짜 끝이 아니었다. 1년 정도 지났을 무렵, 소와 돼지를 살처분한 매몰지에 대한 토론회가 있었는데, 그곳에서 들은 내용은 충격이었다. 매몰지에서 흘러나온 동물들의 체액이 지하수에 스며 오염될 수 있다는 것이다. 사실 감염된 동물을 죽인다고 바이러스가 사라지는 건 아니다. 사체는 시간이 지나면 분해되지만, 세균이나 바이러스는 사라지지 않을 수도 있다. 비닐에 한꺼번에 묻힌 사체는 잘 분해되지도 않는다. 그대로 부패해 혐기성 세균을 내뿜거나, 유독성 미생물을 만들기도 한다. 그래서 관련 지자체에서 토양과 지하수를 자주 검사하고 있다고 했다.

사실 이는 시한폭탄을 안고 있는 것과 마찬가지다. 뉴스에도 가끔 사체를 매립한 곳에서 흘러나오는 오염물 사진이 보도되기도 한다. 그런 곳은 아마 가축들이 발버둥치며 비닐이 찢겼기 때문일 것이다. 어떻게 살처분할 것인가, 동물성 전염병이 돌지 않기 위해서는 어떻게 할 것인가에 대한 현실적이고 충분한 논의가 필요하다.

게다가 살처분에 동원되는 인력의 트라우마도 문제다. 실제로 맨 정신으로 하기 힘들어 술을 마시고 작업하기도 하고, 살처분 업무 후 2주간의 격리 동안 잠들지 못하는 직원도 있었다. 심한 경우, 외상 후 스트레스 장애를 겪기도 한다.

옛날에는 가축을 가족처럼 생각했다. 소는 논둑에 매어두면 알아서 풀을 뜯었고, 겨울에는 할아버지가 가마솥에 쇠죽을 쑤어 따뜻하게 먹였다. 그리고 소는 논과 밭을 갈며 사람 열 명의 몫을 톡톡히 해냈다. 그런데 우리 집 소도 감염병에 걸려 죽었다. 머리와 몸통에 염증이 생기고, 색이 변해갔다. 수의사도 어떻게 해줄 수가 없다며 고개를 내저었다. 그렇게 우리 집 소는 생을 마감해 집 근처에 묻었고, 우리 가족은 며칠을 조용히 지냈다. 또한 몇몇의 실험실에서는 1년에 한 번 실험에 희생된 동물의 넋을 기리기도 한다. 인간의 생명 유지에 희생된 동물에 대한 예를 갖추는 것이다. 게다가 구제역이 돌아 가축이 살처분되면, 육류의 가격이 오르고, 세금으로 보상금이 돌아간다. 나라 살림 안팎으로 손실이다. 인간과 지구에 함께 살고 있는 생명체와의 공존을 위해, 더 나은 방법을 강구해야 한다.

마스크도
아껴 써야 한다

마스크는 이제 필수품이 되었다. 얼마 전까지만 해도 의료인이나 건설 현장에서 일하는 사람, 미세먼지가 많을 때나 썼는데, 이제는 누구나 일상적으로 사용한다. 나도 20년간, 일반 보호복과 방독면 또는 레벨 A의 보호복과 방독면을 착용해왔다.

의경으로 군 복무하며 데모 진압에 나갈 때나 훈련할 때는 보호복과 방독면을 썼고, 생물 테러 대비·대응 업무를 할 때는 우주복처럼 생긴 레벨 A 보호복과 방독면을 착용했다. 의경으로 있을 때 쓰던 방독면은 안에 최루 가스와 땀이 범벅되어 정말 고통스러웠다. 특히 한여름에 시위 진압에 투입되면 파카 같은 보호복에 방독면까지 써서 너무 힘들었다. 보호복과 방독면을 쓰고 시위를 진압하는 게, 아무것도 걸치지 않은 시위대보다 나을 것 같지만 실상은 더 괴롭다. 원래 방독면에 옆에 정화통이 있어 일반 마스크보다는 좋지만, 필터에 따라 30분에서 1시간 정도를 견딜 뿐이다. 그마저도 정화통을 교체한 적은 군복무 중에 한 번도 없었다. 껍데기만 방독면인 것이었다.

레벨 A 보호복과 방독면은 고위험의 병원균에 노출될 위험이 있을 때 사용한다. 공기가 새어 들어오면 안 된다. 착용 방법에 따라 고가의 제품과 저가의 제품으로 나뉘지만, 공기가 새어 들어오면 가치가 없다.

그러나 평소에는 덴탈 마스크로도 충분하다. 나도 몇 년 전에 사둔 덴탈 마스크 한 박스로 몇 년을 지냈다. 평소 출퇴근길에 일회용 마스크를 몇 장 썼을 뿐이다. 요즘은 오래쓰는 천마스크를 세탁하며 다시 사용하고 있다. 그리고 마스크도 아껴야 한다. 일회용 마스크를 만들 때도 유해물질이 발생하고, 버려지면 환경을 파괴한다. 가볍고 사용하기 편해서 많이 이용하지만, 짧은 시간 사용하고 버려지는 게 너무 많은 것이 사실이다. 또한, 요즘에는 아이들이 의무적으로 마스크를 사용한다. 본인이 내쉰 이산화탄소 중 일부를 다시 흡입하고 있을 것이다. 잠깐은 괜찮지만, 장시간 사용하면 뇌와 몸에 필요한 산소를 충분히 공급받지 못한다. 평소 호흡이 어려운 사람은 호흡 곤란까지 겪는다. 공황장애를 겪는 사람도 고통을 호소한다. 마스크를 쓰니

발작이나 호흡 곤란, 두려움까지 느끼는 것이다. 질식할 수 있다는 공포감에 마스크를 쓰기 전부터 두려움을 느낀다. 마스크가 일상화되면서 우리는 맑은 웃음을 잃었다. 특히, 만 2세까지는 부모의 표정을 보는 게 무척 중요하다. 피아제의 이론에 따르면 만 2세는 '대상영속성'을 보유하기 때문에, 부모의 밝은 미소와 웃음을 보며 자랄 권리가 있다.

그래도 사람들은 마스크를 잘 쓰고 다닌다. 감염병 예방에 동참하고 있다는 뜻이다. 간혹, 평소에는 마스크를 잘 쓰다가도 카페 같은 곳에서는 마스크를 벗고 침을 튀기며 이야기하는 사람도 있고, 공공장소에서 마스크를 쓰지 않아 언쟁이 오가고, 벌금을 내는 사람도 있다. 나는 마스크가 있으니 안전하다는 생각보다는, 어쩔 수 없는 경우를 위해 쓴다고 생각하는 게 바람직하다고 생각한다. 실험실에서 위험한 세균을 마주할 때만 마스크를 착용하듯이, 위험에 노출될 상황을 최소화하는 것이다. 그런 면에서 마스크를 상비약처럼 너무 많이 비축할 필요는 없다. 일상에서는 천 마스크를 빨아서 사용하는 것만으로 효과적이며, 환경을 위해서도 필요한 일이다. 공기청정기를 사용할수록 바깥의 공기는 더 탁해지고, 에어컨을 사용할수록 지구의 온도는 올라간다. 일회용 마스크도 아껴서 사용해야 한다.

비상이 길어지면
일상이 된다

감염병이 유행하면 자의든 타의든 격리가 일상이 된다. 그러나 식중독 같은 감염병은 그 즉시 복통과 설사에 시달려 즉각 격리할 수 있지만, 호흡기 비말 감염은 다르다. 잠복기가 여러 날인데다 무증상이면, 대량의 병원균이 나도 모르게 순식간에 살포된다. 그래서 조금이라도 증상이 느껴지면 즉각 자가 격리하는 게 옳다. 코로나19도 비말 감염이다. 모임을 자제하고 마스크를 권고하는 이유이다.

코로나19 초기에는 정부의 지침을 따르는 사람이 많았다. 사람들은 외출을 자제하고, 크고 작은 모임을 취소했다. 그러나 참는 것도 한계가 있는 법일까. 격리 기간이 장기화된 어느 날, 고향에 갈 일이 있어 기차를 탔다. 사람이 없을 줄 알았는데, 열차 운행이 줄어 대기 시간이 긴데도 불구하고 사람이 정말 많왔다. 특히 초기 확진자가 다녀간 강릉에는 바닷가마다, 관광지마다, 카페마다 나들이 나온 차량이 가득했다. 날이 따뜻해지면서 바람을 쐬러 나온 듯했다. 일주일 더, 조금만 더 격리를 연장한다는 말에 지쳤을 수도 있겠다.

어떤 지역은 놀러 오지 말라며 관광지를 폐쇄했지만, 어떤 지역은 유명인까지 섭외해 놀러 오라고 손짓했다. "사회적 거리 두기를 하는 이 상황에 놀러 오라고 하는가?", "갔다가 코로나 걸리면 책임지나?" 우려의 목소리가 들렸다.

마스크를 쓰고, 손을 소독하는 것도 일상이 되었다. 대중교통과 공공시설, 불특정한 사람이 모이는 카페, 거리에서 많은 사람이 마스크를 쓰고 다니며, 제대로 쓰지 않으면 눈총을 받는다. 아이들도 답답한 마스크를 잘 쓰고 다닌다.

몇 년 전만 해도 북한에서 미사일을 쏘면 비상이었다. 그러나 지금은 미사일을 쏘아도 놀라지 않는다. 감염병이 더 무서운 세상이다. 일상이 되어버린 감염병의 시대. 우리를 공포에 떨게 하는 존재의 실체는 무엇이고, 우리는 무엇을 준비해야 하는가?

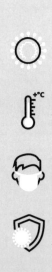

감염병을
이겨내는 법

바이러스,
세상에 없던 신제품?

2000년대 스티브 잡스가 발표한 아이폰은 일상의 패러다임을 바꾸어 놓았다. 모바일 시대를 열며 손 안에서 모든 것을 해결하게 되었다. 그렇게 아이폰은 혁신의 아이콘이 되었다. 이 즈음 우리나라에도 유행한 강력한 신제품이 수입되었다. 바로 신종플루였다.

WHO에서 인플루엔자 A/H1N1이라고 명명한 이 바이러스는 인플루엔자 중 A형, 서브 타입은 H1N1이라는 뜻이다. 1918년 미국에서 창궐한 스페인독감과 같은 유형이다. 물론, 이전에도 감기 바이러스는 많았다. 그러나 신종플루는 원래 있던 바이러스의 변화와 혁신을 통해 생긴 변종이었다. 인간의 몸에는 대응할 항체가 없었고, 들어오면 증식되어 면역력이 약한 노약자는 치명타를 입었다.

신종플루는 사회적으로도 큰 혼란을 일으켰다. 식당과 같은 불특정 다수가 밀집할 수 있는 곳은 문을 닫았고, 학교는 임시 휴교하거나 마스크를 쓰고 수업했다. 아침마다 정문에서 열을 체크하는 모습도 일상이 되었다. 질병관리본부와 보건소는 감염자 관리와 상담 전화로 마비였고, 치료제인 타미플루는 금세 동이 났다. 아마 치료제를 경매에 붙였다면 매일 상한가를 갱신했을 것이다. 그 흔한 알코올 손 소독제도 구하기 힘들었다.

그 뒤부터 보건소의 풍경이 바뀌었다. 독감 예방접종 철이 되면 보건소를 몇 바퀴 돌 정도의 줄이 늘어섰다. 특히 노인들은 쌀쌀한 날씨에도 동틀 무렵이 되면 무리지어 나타났다. 그래서 감염병 예방 담당인 우리 팀원들도 7시 이전에 출근해 간단히 김밥 한 줄을 먹고 근무를 준비했다. 그리고 9시가 되기 전부터 문진을 하고, 주사를 놓으며 각자 맡은 일에 충실했다. 독감 예방접종은 보건소에서 가장 큰 행사가 되었다.

신종플루 출현 이후, 사람들의 위생에 대한 인식과 습관이 크게 변화한 것도 주목할 점이다. 다양한 감염병이 줄었고, 특히 안과 질환은 크게 줄었다.

애플이 발표한 아이폰과 신종플루에는 공통점이 있다. 둘 다 새로워 보이지만, 사실은 기존에 있던 것에 약간의 신기능이 추가되어 나타난 것뿐이라는 것이다. 사실 스마트폰은 완전히 새로운 물건이 아니라 기존의 휴대 전화에 MP3와 컴퓨터, 인터넷의 기능을 더한 제품이다. 그러면서 언제 어디서나 인터넷을 할 수 있는 세상이 되었다. 신종플루도 기존의 감기 바이러스가 약간 변형되어 생겨난 바이러스이다. 스마트폰도 신종플루도 갑자기 하늘에서 뚝 떨어진 게 아니라는 말이다.

매년 이전에 없던 바이러스가 인간을 위협한다는 건 공포이다. 그러나 바이러스를 없애는 건 불가능하며, 인간은 새로운 바이러스에 맞서 진화와 발전을 맞이할 것이다. 아이폰이 매년 업그레이드되는 것처럼.

우리 몸에도
급속충전 기능이 있다

우리나라 사람이라면 모두가 아는 말이 있다. '잠이 보약, 밥이 보약'이라는 말이다. 조상들의 수천 년간의 임상시험 후에 나온 말일 것이다. 실제로 음식물 섭취와 수면은 건강 유지에 중요한 부분이다. 그리고 둘 중 더 중요한 것을 꼽으라면 나는 '잠'을 꼽고 싶다. 바쁜 현대인들의 일정을 생각하면 만성 피로에 휩싸이기 십상이다. 그러나 '그날의 피로는 그날 푼다'라는 광고 속 문구처럼, 몸의 독소를 제거하는 일은 중요하다. 독소는 빨리 내보낼수록 좋다.

요즘 출시되는 휴대폰은 배터리가 바닥인 상태에서 50%가 충전되는데 30분도 안 걸린다. 그런데 우리 몸에도 이런 급속충전을 할 방법이 있다. 바로 밤 10시부터 새벽 3시까지 잠을 자는 것이다. 즉, 12지간 중 밤 11시에서 새벽 1시에 해당하는 자시(子時)가 필수 숙면 시간이다. 정오는 양기가 가장 강하고, 자정은 음기가 가장 강하다. 여름에는 곡식이 자라고, 겨울에는 땅속에서 씨앗이 나올 준비를 하는 것과 같은 이치다.

낮에 활동하고 밤에 자는 것은 우리 몸을 효율적으로 사용하게 한다. 낮에는 행복 호르몬이라 불리는 세로토닌이 분비되고, 밤에는 세로토닌이 멜라토닌으로 바뀌어 뇌의 송과선에서 분비된다. 낮에 충분히 햇볕을 쬐고 알맞게 운동하면 멜라토닌이 더욱 잘 분비되어 숙면을 이룰 수 있다.

국립경찰병원에서 근무하던 20대 후반, 야간 당직 근무만 일년을 했다. 500병상 규모의 입원 환자와 사고로 실려 오는 응급 환자, 생명이 위급한 중환자실의 환자까지의 검사 결과가 내 손끝에 달렸으니 한밤중에도 정신이 번쩍 들었다. 과다 출혈이 있는 환자가 생기면, 환자에게 맞는 타입의 혈액까지 공급해야 해서 긴장 상태였다. 공여자와 수혈자의 혈액형과 타입을 검사하기 위해 현미경으로 피를 확인하고 있으면 침이 바싹바싹 말랐고, 1분 1초라도 빨리 수혈해야 할 때면 발을 동동 굴렀다.

이렇게 일 년을 근무하며 사람은 낮에 일하고 밤에 자야 한다는 걸 깨달았다. 하룻밤을 꼬박 일하고 다음 날 쉬게 되어도,

쉬는 것 같지가 않았다. 새벽이면 여러 병동에서 검체가 홍수처럼 밀려오고, 일을 처리하고 나면 정신이 몽롱했다. 20대 후반의 젊은 나이인데도 지쳐갔다.

주간 근무로 돌아오니 일상생활이 가능해졌다. 밤에 잠을 잔다는 것만으로도 행복했다. 낮에 아무리 힘들게 일해도 밤에 잘 자면 피로가 풀렸다. '우리 몸에는 백 명의 의사가 있다'라는 말이 있다. 그 의사들이 활동하는 시간이 바로 밤이다. 그리고 의사가 활동하려면 몸은 반드시 누워 있어야 한다. 환자가 수술대 위에 누워 있지도 않은데 수술을 할 의사가 있을까? 환자가 수술대 위에 누워 '제발 이 병이 낫게 해주세요.'라고 기도하고 있어야 정교한 수술이 가능하다. 잠을 잘 자는 것도 중요하다. 안정된 상태로 마음 편히 자야 우리 몸속의 의사들이 활동한다. 물론, 심한 피로 상태라면 여러 날 걸리기도 한다. 1차 수술이 끝나고 경과를 본 뒤, 2차 수술을 하는 격이다.

밤은 멜라토닌과 성장 호르몬, 면역 세포를 만드는 시간이다. 초정밀 장비도 기름칠을 해야 돌아가듯, 우리 몸도 호르몬이라는 기름칠을 해야 활력을 되찾을 수 있다. 즉, 야근과 회식을 줄이고, 스트레스를 조절해 숙면을 취하는 것이야말로 돈 들이지 않고 건강을 유지하는 비결이다.

병원균보다 강력한 것을
배 속에 설치하자

병리 검사실에는 '고압증기멸균기'라는 필수 장치가 있다. '오토클레이브(Autoclave)'라고 불리는 이 장비는, 검사나 실험에 사용한 기구를 멸균하거나, 배양한 미생물을 사멸하기 위해 사용한다. 밀폐된 용기에 넣고 121도 이상의 온도와 1기압(15psi) 이상의 가압 증기로 15~20분 동안 처리한다. 이 안에서는 병원성이 높은 균도 완전히 녹아 없어진다. 집에서 사용하는 압력솥과 비슷하다. 한 번 들어가면 살아나올 수 없기 때문에, 병원성 세균이 가장 무서워하는 장비이다.

음식은 끓이거나 조려서 익혀 먹어야 식중독을 예방할 수 있다. 어머니는 늘 나에게 음식을 완전히 잘 익혀서 먹어야 한다고 하셨다. 뜨겁게 온도를 높여서 세균을 없애기 위함이다. 그런데 높은 온도에도 죽지 않고 배 속으로 살아서 들어가는 좋은 균이 있다. 바로 청국장과 같은 발효 음식에 들어 있는 균이다. 일반 잡균은 금방 제거되지만, 청국장이나 된장, 김치를 활용한 음식은 끓여도 성분이 살아 있다. 높은 온도로 가열했는데도, 살아 있는 균은 강한 균이다.

일반 세균은 100도가 되기 전 죽는다. 세포 외부를 캡슐로 덮은 균은 조금 더 견딘다. 그래도 고열에는 견디지 못한다. 그러나 우리가 자주 접하는 청국장, 된장 등의 미생물은 다른 균보다 더 오래 남는다. 청국장과 된장에 있는 미생물은 고초균(Bacillus subtilis)이다. 고초균은 생물 테러 항목에 있는 탄저균(Bacillus anthracis)의 사촌 정도로, 매우 강력하다. 이런 미생물을 우리는 자주 먹고 있다. 상품화된 유산균도 좋은 유익균이지만 위산과 열에 약하다. 장까지 가라고 캡슐을 입힌 유산균도 있지만, 장까지 살아서 가는 유익균이 얼마나 될지는 모르겠다.

김치에도 유산균이 풍부하다. 김치는 락토바실러스(Lactovacillus), 류코노스톡(Leuconostoc), 바이셀라(Weissella) 등의 유산균으로 구성되어, 우리 몸속에서 항균 작용과 항바이러스 작용을 한다. 미생물에게 소금물의 농도는 중요하다. 농도가 조금만 높아져도 세균이 견디기 힘들기 때문이다. 김치를 절일 때 소금의 농도는 약 15~20% 정도이다. 그동안 부패균은 죽고 유산균은 살아남는다. 여기에 채소 및 양념의 당이 발효되며 유산, 초산 등의 물질이 생성되면 맛있는 김치가 된다.

어머니께서는 겨울이면 절임 배추나 김치, 된장 등을 만들어 팔기도 하신다. 어릴 때부터 봤던 모습이지만, 임상병리를 공부하고 일하면서 보니 놀랍기만 하다. 우리 몸에 좋은 미생물을 키워내는 일을 하시기 때문이다. 내가 검사실에서 배지에 미생물을 키우듯, 어머니는 된장과 김치를 담그면서 고초균과 락토바실러스 같은 유익균을 만드는 것이다.

우리 몸에 어떤 음식이 들어와서 자리 잡느냐가 건강을 좌우한다. 미국에서는 장내세균을 이식하는 시술도 하고 있다. 건강한 사람의 장내 세균을 배양해 타인의 장에 이식하는 시술로, 4차 산업 기술로 주목받는 분야이기도 하다. 장내 세균은 우리 몸을 지키는 데 중요한 역할을 한다. 우리 몸의 면역력을 높이기 때문이다. 우리 몸은 약 60조 개의 세포로 구성되어 있는데, 장에만 약 1,000여 가지의 미생물 100조 개가 살고 있으며, 그 무게도 1kg이 넘는다. 맨눈으로는 보이지 않는 미생물들이 이만큼 모여 있다는 건 어마어마한 양이다.

장내 세균이 어떤 종류의 균으로 구성되어 있는가가 중요하다. 유산균이 많으면 독소를 분해하고 감염을 예방할 것이다. 그러나 유해균이 많으면 독소가 생성되어 가스가 들어차고, 피부에 트러블이 생긴다.

우리 조상은 우리에게 큰 유산을 남겼다. 세상에서 가장 강력한 유산균을 배 속에 넣어주셨다. 우리나라에 태어난 것만으로도 감사해야 한다. 순전히 임상시험만으로 수 천 년을 내려온 지혜이다. 우리는 유산균을 잘 이어나가 후손에게 물려주어야 한다.

자연에서 얻을 수 있는
초강력 살균기

바이러스나 세균은 자기에게 맞는 온습도와 영양분이 있을 때 잘 자란다. 이를 반대로 하면, 온습도와 영양분이 없으면 자라지 못한다는 말이다. 우리 몸은 바이러스가 들어오면 열을 내어 바이러스를 무력화시킨다. 직접적으로 열을 가하는 것이다. 그런데 외부에서도 이런 효과를 낼 방법이 있다. 햇볕을 쬐는 것이다. 바이러스에게 햇빛은 아주 강렬한 빛이다. 요즘에는 건조기를 사용해 빨래를 말리기도 하지만, 제일 좋은 건 아무래도 햇볕에 말리는 것이다. 살균 효과도 있어서 빨래에 남아 있던 균도 다 죽는다.

햇빛은 적외선, 가시광선, 자외선으로 나뉜다. 가시광선은 알다시피 무지갯빛이다. 적외선은 붉은색의 가시광선보다 파장이 길다. 병원에서는 소독과 멸균, 관절과 근육 치료 등에 사용하며, 레이저빔 형태로 외과 수술, 종양의 제거, 신경의 연결에도 쓰인다. 자외선은 파장이 짧고 에너지가 강하며 살균력이 뛰어나다. 그래서 UV 살균기의 형태로 위생 기기에 사용한다. 또한, 햇빛은 비타민 D의 합성을 돕는다. 뼈를 튼튼하게 해주는 비타민 D는 약으로 보충할 수도 있지만, 햇볕을 쬐어 얻으면 더 좋다. 면역에 관여하는 T세포를 활성화하게도 한다.

여기에 신선한 공기를 마시자. 신선한 공기는 세포를 깨워 몸속을 깨끗하게 해준다. 산소가 정화 작용을 해주기 때문이다. 냇가의 물도 산소가 들어가야 깨끗해진다. 물속에 녹아 있는 산소의 양(용존산소량)이 많아야 정화가 잘된다. 70%의 물로 채워진 우리 몸에서도 산소는 절대적이다. 산책하며 햇볕을 쬐고, 맑은 공기를 마시면 살균과 세포의 활성화라는 두 마리 토끼를 잡는 것이다. 운동 효과도 있어서 혈액순환도 잘 되고, 호르몬도 알맞게 분비된다. 나무가 많은 숲길이라면 피톤치드까지 마실 수 있어 좋다.

피톤치드는 식물이 해충이나 곰팡이에 저항하기 위해 스스로 만들어내는 물질이다. 움직이지 못하는 나무나 풀의 방어 물질인 것이다. 이 피톤치드는 아토피와 천식에 효과가 좋다고 알려져 있다. 삼림욕을 하면 암세포를 제거할 정도로 강한 'NK(Natural Killer)' 세포가 활성화하고 스트레스 호르몬의 수치가 내려가며, 혈압도 안정된다. 요즘 사람들은 햇볕을 쬘 시간이

별로 없다. 그래서 나도 사무실에 있다가 점심시간에 일부러 바람을 쐬러 나온다.

"광합성하고 올까?"

직장인들이 점심을 먹고 나면 농담처럼 하는 말이다. 직장인에게 점심시간은 잠시 바깥바람을 쐴 기회이다. 이렇게라도 해야 한다. 식물이 광합성을 하듯이, 동물도 비슷하다.

우리 몸속 세포에는 미토콘드리아(Mitochondria)가 있다. 미토콘드리아는 효소 작용을 통해 유기물 속 화학 에너지를 ATP(아데노신삼인산, Adenosine TriphosPhate)의 화학 에너지로 전환하여 생명 활동에 필요한 에너지를 공급한다. 세포 안에 들어 있는 작은 충전지라고 볼 수 있다. 그리고 미토콘드리아에 에너지를 채워 넣기 위해서는 햇볕을 쐬며 걷는 것이 좋다. 공기 샤워를 하자. 자외선과 적외선, 음이온으로 몸을 살균하면 가뿐해진다. 열이 살짝 나면 살균 효과는 더 높아진다.

이런 시스템의 살균기를 집 안에 만든다면 돈이 아주 많이 들 것이다. 그러나 산책은 돈도 들지 않고, 부작용도 없다. 기분까지 좋아지는 건 덤이다.

흙 묻은 빵을 먹어도
흐뭇하다

　나는 집 앞 운동 기구가 있는 놀이터에서 아이들과 자주 논다. 든든하게 점심을 먹고, 뛰어도 숨차지 않을 만큼 소화가 되면, 물과 간식을 싸들고 나간다.

　그러던 어느 날, 줄넘기도 하고, 킥보드도 타던 아이들이 간식을 먹겠다고 달려들었다. 손바닥만 하게 잘라 온 빵을 먹으려고 했는데, 그만 빵이 땅에 떨어지고 말았다. 빵 봉투에서 고소한 향기가 올라오기도 전이었다. 그런데 아이들은 말릴 틈도 없이 흙이 묻은 빵을 집어서 입으로 가져가고 있었다. 순간 나도 모르게 빵을 잡은 손을 잡았다.

　"아깝지만 이건 버리자. 더 놀다가 집에 가서 더 맛있는 간식 먹자."

아이들은 금방 수긍하고 다시 놀기 시작했다. 그렇게 뛰노는 모습을 보다가 전화가 울렸고, 잠시 통화를 하며 아이들을 보았는데 아이들이 뭔가를 먹고 있는 게 아닌가! '싸 온 것도 없는데 뭘 먹고 있는 거지?' 싶어서 보니 바닥에 떨어뜨렸던 빵 조각이었다. 그새 주워둔 빵을 집어서 먹고 있던 것이었다. 그것도 하얀 크림에 초콜릿 가루처럼 흙이 묻은 빵을 살살 털어가며 군고구마 먹듯 조심스레 말이다.

탄수화물이 입안에서 저작 운동과 함께 아밀라아제와 섞이며, 식도로 들어가고 있는 빵을 무슨 수로 빼낼까. 그리고 지금 와서 빼낸들 무슨 소용이랴. 말리고 싶었지만 세 아이가 맛있게 먹는 모습을 보니 방해하고 싶지 않아졌다. 결국, 나도 웃음이 터지며 남은 빵 한 조각을 조심스레 들어 흙을 살살 불어내고 맛있게 먹었다. 아이들만 먹으면 죄책감이 들 것 같기도 하고, 아이들이 아프면 증상을 알아야 할 것 같아서였다.

옛날에는 흙을 밟고, 흙을 만지며 놀았다. 흙은 아이들에게 천연 오감 놀잇감이었다. 흙은 조금씩 입에 닿기도 하고 몸속에 들어가기도 했다. 사실 흙을 먹는 건 자연스러운 일이었다. 흙에는 다양한 미생물이 살고 있다. 눈에 보이는 벌레도 있지만, 눈에 보이지 않는 세균과 박테리아도 있다. 그 성분을 만지면 우리 몸과 반응하게 되어 있다. 서로 싸우기도 하고, 돕기도 하는 자연스러운 반응이다. 그렇게 팽팽히 맞서며 인간은 면역력을 획득했다. 예방접종의 생백신 원리는 흙 묻은 빵을 먹는 것과 비슷하다. 생백신은 살아 있는 균을 배양해 약화시켜 주입하는 것이다. 그러면 우리 몸은 그 균과 싸워 이겨낼 정도로 훈련된다. 이때 생긴 항체는 우리 몸에 저장되어 다음에 같은 균이 들어오면 막아낸다. 예방접종 후 미열이 나는 건 균과 우리 몸이 싸우는 중이라는 증거이다.

아이가 경사진 곳에서 킥보드를 타다가 넘어진 적이 있다. 울음소리가 나서 뛰어가보니 가관이었다. 한쪽 팔꿈치와 무릎이 쓸려 피가 나고 있었다. 마음은 아팠지만, 그래도 크게 다치지 않아 다행이라 여겼다. 그러고는 상처에 들어갔을 미생물을 상상했다.

일부 세균은 상처를 통해 몸속으로 들어간다. 우리 피부는 미생물의 입장에서 보면 엄청나게 두꺼운 벽이다. 우리가 지구의 지층을 생각하면 된다. 평상시에는 뚫기 힘든 지층이라도, 구멍이 생기면 우리는 그 구멍으로 들어갈 수 있다.

피부가 회복되지 않을 정도로 상처가 나면 정말 큰일이다. 그러나 약간의 피가 나고 쓸린 정도는 괜찮다. 오히려 미생물을 접할 좋은 기회다. 면역력을 획득할 기회인 셈이다. 즉, 혈액에 있는 대식세포가 실전 경기를 치를 수 있는 기회를 준 것이다. 대식세포는 우리 몸에서 가장 큰 면역 세포로, 세균을 잡아먹고 그 정보를 우리 몸에 전달한다. 그래서 다음에 비슷한 병원균이 들어오면 미리 가지고 있는 데이터로 더 빠르게 대응한다.

요즘은 놀이터도 우레탄 재질로 되어 있어, 아이들이 흙을 만질 기회가 없다. 이는 오히려 면역력을 낮추는 데 일조한다. 더군다나 뛰어놀면 우레탄 가루까지 접하게 된다. 보기에는 먼지도 안 나고, 폭신해서 좋아 보일 수 있지만, 그렇지 않다.

우리 몸의 면역력을 높이는 방법은, 평상시 세균과 많이 싸워 데이터를 획득하는 수밖에 없다. 싸움을 해본 사람이 싸움을 잘 하듯, 다양한 세균들과 놀아보아야 면역력이 높아진다.

안전하게
예방접종하기

예방접종에 대해서는 세 아이를 키우는 아빠로서 고민이 많았다. 예방접종을 필수로 생각하는 사람이 많지만, 그에 맞서는 주장도 팽팽하기 때문이다. 나도 궁금해서 전문가에게 물어보았는데, 전문가마다 생각이 달랐다. 간혹, 예방접종을 하면 멍해진다거나, 아토피가 생긴다거나, 자폐증이 생긴다는 논문을 꺼내며 괴담을 하는 사람도 있다. 그러나 나는 예방접종을 통해 항체를 주입해주는 게, 안 맞아서 불안한 것보다 낫다는 결론을 내렸다.

물론, 부작용은 있다. 그러나 그 부작용은 극히 드물다. 공장에서 만드는 공산품에 간혹 불량품이 있듯, 백신도 그렇다. 불량을 줄이기 위해 제조 회사에서 노력하겠지만, 만드는 과정을 알면 이해할 것이다. 백신은 달걀을 이용해 만든다. 추출한 항체를 달걀에 주입해 키운다. 그런데 아무리 엄선한 달걀을 사용해도 가끔 안 좋은 달걀이 들어갈 수도 있다. 그러면 배양이 안 된다.

감염병은 접종률이 95% 이상 되어야 확산하지 않는다. 100명 중 95명 이상이 접종을 통해 항체를 획득하면 병이 확산하지 않는다는 말이다. 이를 '집단 면역 효과'라고 한다. '나 하나쯤이야.' 하고 접종하지 않는 사람이 20~30%가 되면, 백신을 맞지 않은 사람으로 인해 다시 감염병이 유행할 수 있다. 예방접종 백신은 달걀 한 알의 생명과 바꾼 것이다. 그 희생을 생각하며 접종하자.

아내는 내과와 소아청소년과, 보건소 예방접종실에서 10여 년 간 근무하며 주사를 놓았다. 약 1만 명에게 백신을 놓았지만, 그 간 이상 증세를 보인 사람은 없었다. 물론, 주사를 놓는 사람이 덜 아프게 놓거나, 안전하게 놓을 수도 있다. 피부 안쪽을 떠서 놓아야 할 경우, 어느 정도의 깊이로 떠서 얼마나 주입하느냐는 기술에 달렸기 때문이다. 그래서 주사 자국도 깊이 남는 사람이 있고, 흐릿하게 남는 사람도 있다.

백신의 부작용을 낮추기 위해서는 정확한 문진이 필요하다. 동일한 백신이어도 누구에게 맞았는가에 따라 다르다. 그리고 주사를 맞기 전에 질문지의 항목을 꼼꼼히 확인하기를 바란다. 이것만으로도 부작용을 막을 수 있다. 감기 기운이 있거나, 컨디션이 좋지 않은 상태로 백신을 맞으면 몸에 이상이 생길 수 있다. 그리고 유제품과 달걀에 알레르기가 있으면 조심해야 한다. 백신을 달걀에 배양하기 때문이다. 또한, 혹시 이상 증세가 느껴진다면 바로 보건소나 병원을 방문하자.

접종은 가급적으로 오전에 하는 게 좋다. 적어도 오후 3시 이전에 맞히자. 그래야 몸의 경과를 보고 바로 진료를 받을 수 있다. 병원이나 보건소에서는 백신에 대한 이상이 보고되면, 앰풀을 확인해 같은 로트 번호의 앰풀을 전량 폐기한다. 불량 백신을 접종할 경우 같은 피해를 보는 사람이 생기기 때문이다. 예방접종은 스마트기기와 같다. 전자파와 중독이라는 부작용이 있지만, 잘 사용하면 삶에 이로움을 준다.

백신은 많은 과학자와 의료인이 만들어낸 결과물이다. 우수한 연구 인력이 수백, 수천 번의 임상시험을 해서 내놓는다. 부작용이 있기는 하지만 질병에 걸려 목숨이 왔다갔다 하는 것보다 나으며, 안정성을 높이기 위해 보완하고 있다.

감염병 예방은
운명도 바꾼다

보건소에서는 보건증과 건강진단서를 발급한다. 보건증은 요식업 종사자를 대상으로 결핵이나 장티푸스와 같은 감염병을 검사해서 발급하고, 간단한 건강진단서는 주로 B형 간염과 당뇨, 요단백, 매독, 결핵 등의 감염병을 검사해 발급한다.

가끔 검사하다 보면 B형 간염 양성이 나올 때가 있다. 전화로 이야기해주면 놀라거나, 이미 병원에서 관리를 받는 사람도 있다. 사실 결과만 발송하면 되는데, 유선으로 연락하는 이유는 검사 결과의 교차 검증과 감염의 위험성을 인지시키기 위해서이다. 이때 양성인 걸 알고 치료를 받거나 추적 관찰을 받고 있는 사람은 다행이다. 그러나 양성 결과를 처음 들었다는 사람도 있는데, 이런 사람은 보통 감염이 되었는데 모르고 있었거나, 최근에 감염된 경우이다. 이럴 때는 병원 진료를 한 번 더 권한다. 그리고 건강진단서를 보고 양성을 확인하면 놀라기 때문에, 배려 차원에서 미리 알려주는 것도 있다. 치료 방법이나 관리 방법을 꼼꼼히 일러주는 편이다.

이렇게 신경 쓰는 이유는 치료도 중요하지만, 수직 감염을 막기 위해서이다. 특히, 여성의 경우 감염된 채로 임신하면 아이에게 수직 감염될 수 있다. 말 그대로 태반을 통한 감염이다. 그러므로 보균자임을 알고 있는 것만으로도 감염을 막을 수 있다. 간혹, 자신이 B형 간염 보균자인 걸 모르고 있다가, 취업 자리를 놓치는 사람도 있다. 회사마다 규정은 다르지만, 취업을 제한하는 경우가 있다.

대표적인 수직 감염으로는, B형 간염, 풍진, 매독, 에이즈 등이 있다. 그래서 산전 검사에는 이 항목이 포함되어 있다. 양성이면 치료를 받거나 항바이러스제로 억제해서 감염률을 낮춰야 하며, 항체가 없다면 주사 등으로 항체를 만들어야 한다.

태아는 엄마의 배 속에서 자라지만 아빠의 영향도 크다. 아빠가 결핵이나 풍진을 앓고 있다면 모체에도 영향을 준다. 그리고 이는 태아에게도 영향이 갈 수 있다. 특히, 수혈이나 성 접촉으로 인해 감염되는 매독은 아이를 사산하게도 하니 조심해야 한다. 태어나더라도 결막염이나 선천성 매독으로 고생하게 된다. 그래서 보건소에서 신혼부부 검사를 하는 것이다. 예비 부모가 건강해야 아이도 건강하다. 생명의 잉태에는 책임이 따른다. 태어날 아이를 위해 부모가 노력해야 한다.

타미플루를 먹지 않고
신종플루를 이겨낸 아이

　병원균에 감염되어도 증세의 경중은 개인마다 차이가 있다. 심하게 앓는 사람도 있고, 약하게 앓거나 무증상으로 지나가는 사람도 있다. 면역력 차이 때문인데, 면역력은 타고나기도 하지만 노력과 건강한 습관에 따르기도 한다.

　큰딸이 세 돌을 넘겼을 무렵이다. 한창 엄마 손이 필요한 시기였는데, 당시 아내가 쌍둥이를 임신하고 있어 큰딸을 마음껏 안아줄 수가 없었다. 아이도 엄마 품에 안기고 싶지만 그럴 수 없다는 걸 본능적으로 알고 있었던 것 같다. 그러다가 아내는 쌍둥이를 출산하러 갔다.

　그때 큰딸에게 문제가 생겼다. 얼굴이 불그스레하며 콧물이 나고 고열에 시달리기 시작했다. 우리 집은 원래 열이 38도를 넘어가면 유심히 지켜보다가, 39도가 넘으면 세심히 돌보며 자연 치유를 한다. 그런데 그날은 40도가 넘는 고열이었다. 보통의 집이라면 열이 나면 해열제를 먹이거나 병원에 갈 것이다. 그러나 우리 집은 몸에 들어온 바이러스나 병원균을 스스로 이길 수 있게 기회를 준다. 하루이틀 걸리기는 하지만 그래도 아이는 늘 씩씩하게 이겨냈다. 그 과정이 안쓰럽지만, 해열제로 쉽게 해결하면 다음에 같은 상황이 왔을 때 이기기 어렵다는 걸 알고 있기 때문이다. 그렇다고 부모인 내 마음이 편한 건 아니다. 나는 밤새 물수건으로 머리를 식히고, 시간마다 체온계로 온도를 체크했다. 수고스러워도 몸 속 면역력을 이용하는 힘을 키우기 위해 쭉 해왔던 일이다.

그런데 그때는 열이 생각보다 오래 갔다. 감기가 아니라 다른 이유가 있을 것 같기도 하고, 코와 귀에 염증이 생길 수도 있어서 혹시나 하는 마음에 병원에 들렀다. 의사는 진찰을 하고는 심각한 표정으로 신종플루에 감염되었을 수도 있다며 검사를 해보자고 했다. 검사 결과를 기다리며 괜히 일을 크게 만들었나 싶어 미안한 마음이 들었다. 엄마도 없을 때 아프게 한 게 안쓰러워 대기실 소파에 앉아 아이의 머리를 매만졌다. 나도 병리 검사실에서 일하지만, 보호자로서 이름이 불리기를 기다리려니 많이 떨렸다. 얼마 뒤, 의사의 표정이 좋지 않아 결과를 직감했다.

"신종플루 양성이 나왔네요."
"네…?"

설마했는데 양성이 나오니 몹시 당황했다. 신종플루 검체 의뢰나 감염병의 역학 조사는 많이 해봤지만, 우리 집에 이런 일이 일어나리라고는 생각도 못했다.

"보통 타미플루는 초기일 때 처방하는데, 이미 5일이나 지나서 처방이 모호하네요."

즉, 약을 먹고 효과를 볼 수 있는 타이밍을 놓친 것이다. 결국 의사는 처방전을 써주지 않았다. 할 수 있는 게 없었을 것이다. 집에 오는 길에 약국에 들러 아이에게 어린이 비타민 주스를 하나 사주었다. 내가 해줄 수 있는 임시 처방이었다. 미안함이 남아 며칠 전 먹고 싶다고 했던 핫도그도 하나 사주었다. 어린 딸이 유모차에 앉아 핫도그와 주스를 먹는 걸 보니 안쓰러웠다. 그렇게 병원에 다녀온 지 사흘 뒤, 아이의 열이 자연스럽게 떨어지고 컨디션이 정상으로 돌아왔다.

바이러스나 병원균은 대부분 열에 약하다. 우리 몸은 스스로 열을 내어 병원체를 물리치는 체계를 갖췄다. 열을 충분히 내어 주면 단백질 성분으로 되어있는 바이러스들이 굳어서 활동을 멈춘다. 물론, 그 과정에서 머리나 감각 기관이 손상되면 안 되므로 머리에 물수건을 대서 온도를 내려주어야 한다. 해열제로 열 자체를 내리는 게 아니라, 열을 잘 내게 해서 바이러스를 물리치는 방법으로, 이는 내가 전공 수업을 들을 때 해보고 싶었던 방법이다. 비염으로 고생할 때 나에게 실험도 해보았고, 아내의 지지도 있었기에 가능한 방법이었다. 아이가 타미플루나 해열제 없이 신종플루를 이겨낸 요인을 세 가지로 정리해보았다.

첫째, 2년간 충분한 모유를 먹었다. 즉, 모체에서 받을 수 있는 자연 면역을 최대한 받았다. 둘째, 해열제 없이 병원균과 싸워 이긴 경험이 있다. 해열제와 항생제 사용 경험이 많았다면 자연 치유가 불가능했을 것이다. 셋째, 일정하게 잘 자고 잘 먹고 활동했다. 평소 규칙적인 생활과 즐거운 활동이 많았다.
즉, 평소 면역력을 높이기 위한 생활 습관이 갖춰 있었다고 보는 게 타당할 것 같다.

면역력을 위해
WHO에서 권하는 것

인간의 성장 요소 중 중요한 것을 꼽으라고 한다면, 나는 '모유 수유'를 꼽고 싶다. 적절한 운동, 균형 잡힌 식사, 부족한 영양소를 채워주는 영양제 등 건강을 지키기 위한 방법은 많지만, 이는 모두 후천적인 요소이다. 물론 모유를 먹는 것도 엄마의 배 속에서 나온 후의 일이라 후천적이라 볼 수 있지만, 모체에게 받을 수 있는 마지막 선물이라고 보면 좋을 것 같다.

전공 수업 때 가장 많이 다루는 단어가 '면역 글로불린'이었다. 면역 글로불린은 혈액에서 생성된 당단백질로, 다른 말로는 '항체'라고 부른다. 병원균이 우리 몸에 들어와 증식하는 것을 막는 물질로, 면역 글로불린의 활동에 이상이 생기면 건강을 유지하기 힘들다. 이렇게 중요한 역할을 담당하는 면역 글로불린의 특이점은 바로 생성과 유지가 어렵다는 것이다. 그리고 유일하게 이 성분을 직접적으로 받을 수 있는 것이 '모유'이다. 면역글로불린이 함유되어 있다는 분유나 초유 성분이 들어 있는 각종 유아식이 있지만 모유에 비할 수 있는 건 아니다.

면역 글로불린은 타입도 다양하다. 태어난 아기와 타입이 일치하는 건 우주를 통틀어 엄마밖에 없다. 배 속에 있을 때부터 엄마의 양수에서 자라, 엄마의 폐를 통해 산소를 공급받고, 엄마의 피를 통해 영양분을 받았기 때문에 타입이 일치할 수밖에 없다.

모유 수유의 장점이 하나 더 있다. 바로 엄마와의 정서적 교감이다. 사람은 기계가 아니라서, 입으로 영양분을 받는 것만이 전부가 아니다. 젖을 먹을 때 엄마와 주고받는 따뜻한 눈빛은 아이에게 충분한 정서적 안정감을 준다. 이 세상에 두려울 것도, 무서울 것도 없는 평온함 그 자체이다.

보건소 검사실에 오는 부모와 아이들을 관심 있게 본다. 아이들의 행동은 어떤지, 건강 상태는 어떠한지 문진도 한다. 이때 보면, 확실히 분유보다 모유를 장기간 먹고 자란 아이가 아토피가 덜하고 정서적 안정감이 높았다.

나는 결혼 10년 만에 첫딸을 낳았다. 아내에게는 아이에게 먹일 모유가 충분했고, 아이도 엄마의 선물을 감사히 먹었다. 모유 수유를 하는 아내와 아이를 보면 나에게까지 행복함이 전해질 정도였다. 아이의 눈은 초롱초롱했고, 자라면서 감기도 잘 걸리지 않았다. 그리고 모유만 먹었는데도 유달리 체격이 좋았다. 그렇게 모유 수유를 한 지 1년 만에, 아내는 젖을 떼기로 했다.

하지만 나는 아이가 모유를 조금 더 먹었으면 했다. 물론, 수유의 주체가 아닌 내가 강요할 수는 없는 일이라, 도서관에 가서 모유에 관한 책을 읽고, 모유에 대해 확신한 다음, 아내를 설득했다. 그렇게 아내는 내 뜻을 수용해 수유 기간을 1년 더 연장했다. 젖을 떼던 중이라 일주일이나 못 먹은 모유를 아이는 꿀떡꿀떡 힘차게 먹었다. 면역 글로불린이 아이에게 넘어가는 모습이 그려졌다.

같은 팀에 아이 셋을 모유로 키워낸 선생님의 경험담도 도움이 되었다. 아이가 먹고 싶어 할 때까지 먹였고, 아이들 모두 건강하게 잘 컸다고 했다. 물론 건강에는 다양한 요인이 작용하지만, 모유의 영향이 컸을 거라고 말씀하셨다.

모유 수유를 위해서는 엄마의 영양 상태도 중요하다. 엄마의 영양분이 그대로 전달되기 때문이다. 그리고 한 가지 유념할 점은 엄마의 감정도 그대로 아이에게 전달된다는 것이다. 엄마의 좋은 감정 유지를 위해서는 아빠의 노력이 필수이다. 즉, 아이가 젖을 먹는 것은 단순한 영양분 전달이 아니라, 온 가족이 힘을 합해 만들어낸 화합의 결과물이라 봐야 한다.

WHO에서 권장하는 모유 수유 기간은 24개월 이상이다. 24개월 이상 모유를 충분히 먹은 아이는 면역 글로불린을 듬뿍 받은 아이이다. 그리고 아이가 건강해야 우리의 미래도 건강하다.

그럼에도 불구하고,
안전한 지역은 있다

확진자가 1만 명이 넘어도 안전한 곳이 있다. 바로 사람이 드문 한적한 지역이다. 바이러스 감염률은 인구가 분산한 지역일수록 낮다.

2009년, 국립경찰병원에서 7년을 근무하고 가평군 보건소로 근무지를 옮겼다. 경춘선 기차를 타고 서울에서 가평으로 출퇴근했는데, 그 즈음 서울에서 신종플루가 발생했다. 신종플루는 발생하자마자 빠르게 확산했고, 확진자는 금세 수천 명이 되었다. 그러나 경기도 외곽은 그렇지 않았다. 발생 몇 달이 지나서야 확진자가 나왔고 그 수도 많지 않았다. 대도시와 지방 중소도시 간의 검체 의뢰 수부터 차이가 났다.

코로나19도 마찬가지이다. 현 시점 국내에서 2만 명 이상의 확진자가 발생하고 있지만, 내가 근무하는 지역은 확진자가 40

명 내외이다. 그리고 내 고향인 해남 또한 인구 밀도가 낮은 지역이어서 확진자가 없다.

도시는 살기 편한 곳이다. 그러나 감염병의 확산은 인구 밀도와 밀접한 관련이 있으므로, 감염병과 관련해서는 그리 안전한 곳이 아니다. 병원체의 매개가 사람인 경우에 더 그렇다. 그럼에도 불구하고 도시에서 조금이라도 안전한 곳을 찾는다면, 사람이 모이지 않는 곳일 것이다. 휴가도 야외로, 사람이 없는 곳을 골라서 다니는 게 좋다.

근본적인 원인을 찾아
막아야 한다

경기도 가평은 서울에 인접하면서 자연이 숨 쉬는 곳이다. 이곳에서 일하면서 가장 기억에 남는 일은, 전국 감염병 담당자 사례 발표에서 일등을 해 보건복지부 장관상을 받은 것이다. 전국의 보건소와 시도에서 근무하는 감염병 담당자는 일 년에 한 번씩 교육도 받고 성과를 발표한다. 그때 나는 감염병을 막는 근본적인 방법에 대해 제시했다.

감염병 관리에 가장 중요한 것은 '감염병의 원인이 무엇인가?'를 아는 것이다. 어떤 바이러스에 의한 것인지, 물이 오염된 것인지, 음식물의 조리가 잘못된 것인지, 동물에 의한 것인지 등 매개체를 조사해야 한다. 그리고 그 병원체로부터 격리하고 원인을 제거해야 한다. 근본적인 원인을 찾지 못하고 소독만 하는 것은 병원균의 확산을 막을 수 없다.

가평에는 산으로 둘러싸인 아름다운 마을이 있다. 그래서 주말이면 많은 관광객이 몰리는데, 눈살을 찌푸리게 하는 게 하나 있었다. 바로 펜션 근처에 있는 돼지 축사였다. 바람이 불면 축사에서 냄새가 풍기고, 파리와 모기가 날아왔다. 냄새야 바람의 방향에 따라 다르지만, 파리와 모기는 음식물에 붙기도 하고 사람을 물기도 했다. 특히 파리는 음식물을 먹었다가 토했다가를 반복하기 때문에 위생적으로 문제가 있었다. 개인이 운영하는 돼지 축사를 이전하라고 할 수도 없고, 펜션을 그대로 들어서 옮길 수도 없었다. 방역 대책으로 소독제를 뿌릴 수도 있지만, 이는 임시방편에 불과했고, 돼지에게도 소독제가 좋을 리 없었다. 해결책이 없을까 고민하다가 비용을 최소화하고 효과를 높이기 위해, 해충이 지나다니는 통로를 차단하기로 했다. 확인해보니 지붕 위의 환기구가 해충들의 통로였다. 축사에서 자란 파리와 모기들이 그 구멍을 통해 외부로 날아갔다. 그래서 이 환기구를 방충망으로 막은 뒤, 포충기를 설치했다. 파리와 모기는 그대로 두면 금세 개체 수가 늘기 때문에 포충기를 이용해 잡은 것이다. 그다음, 파리의 천적인 토종벌을 풀어놓았다.

그렇게 하니 마을이 깨끗해지고, 돼지들도 해충으로 인한 스트레스를 덜 받았다. 소독제 대신 근본적인 원인을 제거하는 것이 가장 좋은 방법임을 실감했다.

이를 바이러스가 퍼진 상황으로 전환해보자. 일단 감염병의 발생 원인을 찾아야 한다. 병원체가 무엇인지, 어느 지역에서 발생했는지를 알아야 한다. 병원체의 종류와 감염 경로를 알아내는 것이다. 질병관리본부에서는 어느 나라에서 어떤 감염병이 발생했는지를 실시간 모니터링하고 있다. 그리고 보건소에서도 각 지역의 감염병 환자 발생 상황을 매일 확인한다. 전산으로 취합되어 어디에서 어떤 감염병이 발생했는지 날짜별로 체크된다.

그 다음은 발생 지역과의 접촉을 막아야 한다. 해외에서 감염병이 발생했다면 해당 나라에서 오는 입국자를 관리해야 한다. 무조건 오지 말라고 할 수는 없지만, 적어도 잠복기를 고려한 격리가 필요하다. 민감한 사안이라 오해가 없어야 할 것이다. 친구에게 "나 너희 집 안 가. 우리 집에 오지 마."라고 할 수는 없다. 평상시 신뢰 관계를 구축해두어야 한다. 그렇게 축사의 환기구를 막는 것처럼, 공항이나 항구와 같은 통로를 적어도 잠복기가 지나 들어올 수 있도록 관리해야 한다. 통로부터 관리가 안되면 지금처럼 전 국민이 마스크를 쓰고 다녀도 어려운 상황에 부닥친다. 안전 불감증, 안일한 대처는 일을 키우는 꼴이다.

그리고 우리 몸에 항체가 생길 수 있도록 건강한 삶을 유지해야 한다. 축사의 환기구에 망을 설치한 것은 공항과 항구의 입국자 관리를, 포충기를 설치한 것은 지역 내 감염병 관리를, 면역력을 키우는 것은 항체를 보유하는 일이라 볼 수 있다.

아름답고 푸른
작은 점 하나

임상병리사는 일반 사람들이 보기 힘든 것을 본다. 혈액 안을 들여다보고, 우리 몸속의 미생물을 본다. 위험한 병원균을 직접 마주한다는 게 위험해 보일 수 있지만, 나는 일반인이 보기 힘든 것을 직접 볼 수 있다는 걸 특혜라 믿는다. 비브리오 콜레라 균을 알아내기 위해 'TCBS'라는 배지에 검체를 심어 미생물을 배양했다. 멸균 작업대 위에서 손에 집어 든 초록색 반투명의 배지는 마치 우리 지구처럼 보였다.

몇백 년 전까지만 해도 사람들은 지구가 평평하다고 믿었으며, 눈으로 지구를 볼 수도 없었다. 그러나 지금은 우주에서 찍은 생생한 지구의 사진과 영상을 볼 수 있다. 구글 어스로 지구를 돌려보면 마치 우주선을 타고 날아다니는 듯한 기분도 든다.

1990년 2월 14일 나사의 태양계 탐사선 보이저 1호가 지구로부터 60억 킬로미터 떨어진 먼 우주에서 촬영한 지구 사진을 보내왔다. 사진 속의 지구는 보이저 1호의 관측 장비에 햇빛이 산란하여 형성된 밝은 띠 안의 작은 점으로 나타났다. 미국의 천문학자 칼 세이건이 나사를 설득해 보이저 1호의 방향을 지구 쪽으로 돌려 찍은 사진이었다. 이후 칼 세이건은 자신의 저서에 이 지구를 '창백한 푸른 점(Pale Blue Dot)'이라고 표현했다. 지구는 태양계 멀리에서는 창백해 보이지만 사실 가까이서 보면 영롱한 푸른빛이다. 어떻게 보면 생명의 근원인 엄마 배 속의 난자처럼 보이기도 하다. 바로 생명체가 시작한 곳이다.

이렇게 지구를 하나의 생명체로 본다면 인간은 어떤 존재일까? 지구에 도움이 되는 유산균일까, 지구를 병들게 하는 병원균일까? 몸속에 들어온 미생물로 인해 숙주가 건강해지면, 그 미생물은 오래 살 수 있지만, 숙주를 병들게 한다면 숙주의 죽음으로서 미생물도 생을 마감하게 될 것이다.

인간에게 폐는 산소를 공급받을 수 있는 주요 장기이다. 폐결핵에 걸린 인간은 숨쉬기가 어려워 사망에 이른다. 지구로 본다면 아마존의 밀림이 폐에 해당한다. 많은 양의 산소를 만들어내는 아마존을 개발하느라 커다란 나무를 밀어버리는 모습을 보면, 결핵균이 활발히 움직이는 모습을 보는 듯하다. 결핵균이 들끓는 폐는 구멍이 뚫리고 까맣게 되어 제 기능을 하지 못할 것이다. 그리고 각국의 공장 굴뚝에서 나오는 유해 물질과 자동차의 매연은 세균이 내뿜는 독소를 연상시킨다. 독소가 몸에 쌓이면 피로도가 높아진다. 산처럼 쌓인 쓰레기더미와 바다에 떠다니는 페트병은 어떠한가. 분해도 되지 않고 지구를 병들게 한다. 몸속의 독소도 쌓이고 쌓여 만성피로가 되면 인간도 병든다.

병원균이 들어오면 우리 몸은 열을 낸다. 지구 온난화도 지구가 열을 내는 것과 비슷하다. 40도 가까이 고열이 나는 것이다. 지구의 입장에서 보면 아마 지금의 인간은 해로운 병원균에 가까울 것 같다. 인간은 숙주를 생각하지 않고 무차별적으로 망가뜨리고 개체 수를 늘려 번식한다. 바이러스가 몸에 퍼지는 것과 같은 이치다.

그러나 세상에는 병원균만 있는 것은 아니다. 어떻게든 지구를 살리기 위해 제로 웨이스트를 실천하는 사람도 있다. 장내에 유산균이 많을수록 우리 몸은 튼튼해진다. 인간은 병원균이 아니라 유산균이 되어야 한다. 그래야 우리도 지구와 함께 오래 공존할 수 있다.

누군가의
항체가 되어

우리는 보이지 않는 수많은 관계 속에서 살고 있다. '인간(人間)'이라는 한자어처럼, 사람은 사람 사이의 관계와 접촉을 통해 성립하는 존재이다. 그리고 한 가지 더. 우리는 바이러스 등의 미생물과도 관계하고 접촉하며 살고 있다. 특정 바이러스가 유행하고 있는 요즘, 나는 무엇보다 항체의 중요성을 인식하고 관심을 두고 있다. 여러 제약 회사가 머리를 맞대어 항체를 개발 중이지만, 쉽지 않은 상황이다. 그리고 이 항체는 누군가가 이겨 낸 힘을 나누어 줄 때 효과가 있다.

인간은 배 속에서 어머니에게 선천 면역이라는 귀한 선물을 받는다. 그리고 태어나 모유를 먹으며 한 번 더 다양한 면역 물질을 부여받고, 살면서 수많은 미생물을 접촉하며 후천 면역을 획득한다. 이렇게 인간은 훌륭한 면역 체계를 갖고 있다. 게다가 우리는 선천적으로 면역력이 높은 민족이다. 예부터 발효된 미생물을 먹고 마셨기 때문이다. 사회적 면역력도 높다. IMF 외환위기 때는 전 국민이 허리띠를 졸라매어 금 모으기를 했고, 태안 기름유출 사고 때는 부직포와 걸레를 들고 검은 바다와 해안가를 닦아내 푸른 바다로 되돌렸다. 전 세계 유례가 없는 일이다.

미생물의 성격과 성향은 가지고 있는 독성에 따라 결정된다. 예를 들어, 식중독균은 식중독의 원인 물질을 가지고 있어서 우리 몸에 치명상을 입힌다. 반대로 유산균은 소화를 돕고 면역력을 높인다. 우리 민족도 외부의 침입을 막아내고 문화를 지켰던 역사가 있다. 유산균과 비슷한 고유성이다. 우리는 이런 고유성을 보존하고 발전시켜야 한다.

그렇다면 어떻게 항체의 역량을 키울까? 항체는 병원균을 발견하면 물리치고, 그 정보를 다른 항체와 나누어 갖는다. 그러면서 면역력이 높아진다. 우리도 우리만의 경험과 노하우를 사람들과 나누어, 시너지를 높이자. 어려울 때일수록 내재해 있던 능력이 발현된다. 누군가 쫓아오면 평소보다 빨리 뛰듯이, 어려울 때는 그에 맞는 힘이 나온다. 교감신경이 활성화하고, 그에 맞는 호르몬이 분비된다.

우리를 되돌아보자. 자연을 훼손하지는 않았는지, 너무 쉽게 물건을 사고 버리지는 않는지, 자연을 무심히 지나치지는 않았는지… 자연은 우리에게 큰 선물을 주었다. 우리가 태어나기 훨씬 전부터 준비하고 우리를 기다렸다. 우리는 자연에게 소중한 항체 같은 존재여야 한다. 주변에 어려운 사람이 있는지도 둘러보자. 한 사람 한 사람이 항체가 되어 상부상조하면 건강한 사회가 된다. 사회적 체온이 유지되는 것이다.

내 안의 항체가 잘 있는지도 살피고 나누자. 주변을 돌아보고, 우리나라는 어떤 상황인지, 세계는 어떻게 변화하는지 살피고 돕자. 더 큰 기쁨이 돌아올 것이며, 무력으로 다른 나라를 점령하는 것보다 더 큰 힘을 발휘할 것이다.

보건소에서 일하며 좋은 이야기도 나누지만, 가슴 아픈 이야기를 나눌 때도 있다. 택시를 타면 기사님과 이런저런 이야기를 나누고, 식당에 가면 사장님과도 이야기를 나눈다. 특히 택시 기사님은 사납금 내기가 어렵고 음식점 사장님들은 물가와 인건비가 올라 임대료 내기도 부족하다며 힘들어한다. 이렇게 이야기 나누다 보면 현미경으로 우리 몸속을 들여다보는 것처럼 민심을 읽을 수 있다. 전철이나 버스를 타면 사람들의 표정이 어떠한지도 살핀다. 웃고 있는지, 심심해하는지, 인상을 찌푸리고 있는지를 보면 삶의 통계가 나온다. 실시간 빅 데이터가 쌓이듯 이 말이다. 이런 체감이 알파고나 슈퍼컴퓨터보다 빠르고 정확할 때가 있다. 요즘에는 마스크를 쓰고 숨쉬기조차 힘들어 보이는 사람들의 모습이 지금 현실의 모습일 것이다.

이 책은 보건소에 방문하는 사람들, 식당 사장님과 택시 기사님, 지하철과 버스를 타고 다니는 시민들을 보며 썼다. 우리가 모두 항체가 되어 온전히 일어나기를, 입가에 미소가 지어지는 세상이 되기를 기원한다.

이 세상에서 가장 강력한 백신은 사람이다.

아프지 않게
채혈하는 법

거동이 불편한 분들에게는 찾아가는 서비스가 필요하다. 그
리고 나는 주사 맞는 걸 무서워했기에, 어떻게 해야 아프지
않게 채혈할 지를 고민한다. 나의 경험이 타인이게 도움이 될
때가 있다. 내가 겪은 시련이 항체가 되어, 사람들에게 도움
이 되길 바란다.

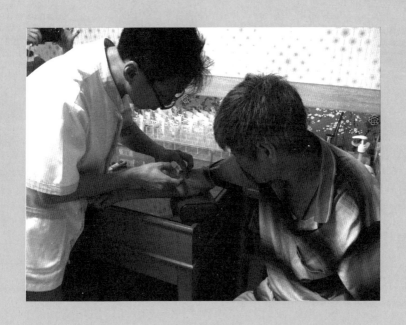

검사는 정확도가
생명이다

유수의 기업에서 섬세하게 반도체를 만들듯이, 나도 섬세하고 정교하게 검체를 다룬다. 결과치 하나에 결과가 달라지기 때문에 신중을 기하는 것이다. 마치, 사격의 진종오 선수가 정중앙을 맞히듯이, 나의 손끝도 정중앙을 향해 움직인다. 검사에 집중하면, 무아의 지경에 이를 때도 있다. 마치 검체와 나만 홀연히 지구에 남은 것처럼 말이다.

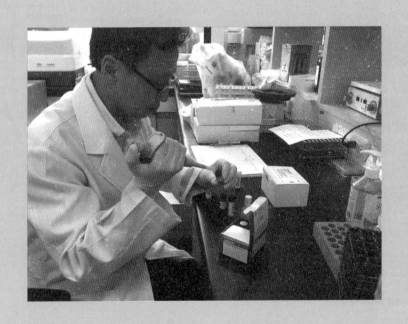

실전과 같은
재난 대비 훈련

재난 대비 모의훈련을 철저히 할수록 실제 상황에 대비할 수 있다. 특히, 재난 시 연락관 역할을 맡은 나로서는 책임감을 갖고 있는 일이기도 하다. 예상할 수 없는 일을 대비하는 건 어려운 일이지만, 우리 몸을 지켜주는 항체가 된다는 심정으로 최선을 다하고 있다.

방역의 딜레마

유익함을 위해 소독하지만, 사실 벌과 나비, 물고기에는 치명적인 것이 소독이다. 특히, 벌이 죽으면 생태계에 치명적이다. 우리는 조금 더 안전한 소독 방법을 강구하고, 근본적으로 원인 물질을 차단할 방법을 연구해야 한다. 그런데도 여름이 되면, 방역을 해달라는 민원이 많다.

훈련은 실전처럼,
실전은 훈련처럼

유관 기관이 모여 하는 모의훈련은 진지하다. 배가 침몰하는 상황을 연출해 훈련할 때는 안타까운 마음이 든다. 시간과 인력이 있었음에도 왜 우리는 그들을 구하지 못했을까? 왜 객실에서 기다린 이는 살아남지 못했고, 갑판으로 나온 이는 살았는가? 우연히 일어난 사건은 없다. 우리가 타고 있는 '대한민국'이라는 배가 순항하고 있는지, 가끔씩 창밖을 둘러보자.

대한민국 최고의 강사
김미경 대표님과 함께

김미경 강사님은 나에게 늘 모범을 보여주는 분이자, 동네 주민처럼 따뜻한 분이다. 지식을 나누는 것은 인류를 발전시키는 것과 같으며, 지식을 나누는 사람이 많을수록 사회의 체온은 올라간다. 주위를 둘러보자. 도움이 필요한 사람에게 손을 내밀자. 이것이 사람 사는 세상이다.